ÄGYPTEN

ROM

MESOPOTAMIEN

GRIECHEN-
LAND

ZOOM VON
1000 N. CHR.
BIS HEUTE
AM ENDE DES
BUCHES

↓

5 000 v. Chr.

4 000 v. Chr.

3 000 v. Chr.

2 000 v. Chr.

1 000 v. Chr.

Chr. Geburt

1 000 n. Chr.

2 000 n. Chr.

© 2009 DuMont Buchverlag, Köln
www.dumont-buchverlag.de

ISBN: 978-3-8321-9248-8
Alle Rechte vorbehalten

Texte und Bildauswahl: Béatrice Fontanel
Grafik: Loïc Le Gall
Mitarbeit: Fanny Martin

Aus dem Französischen übersetzt von: Odile Kennel und Simone Kinateder
Lektorat: Anna Sophia Herfert
Satz: Hilde Knauer, Köln

Titel der französischen Originalausgabe: Ma première histoire de l'ART
© 2009 der Originalausgabe: Éditions Palette

BÉATRICE FONTANEL

Meine erste Geschichte der KUNST

DUMONT

Inhalt

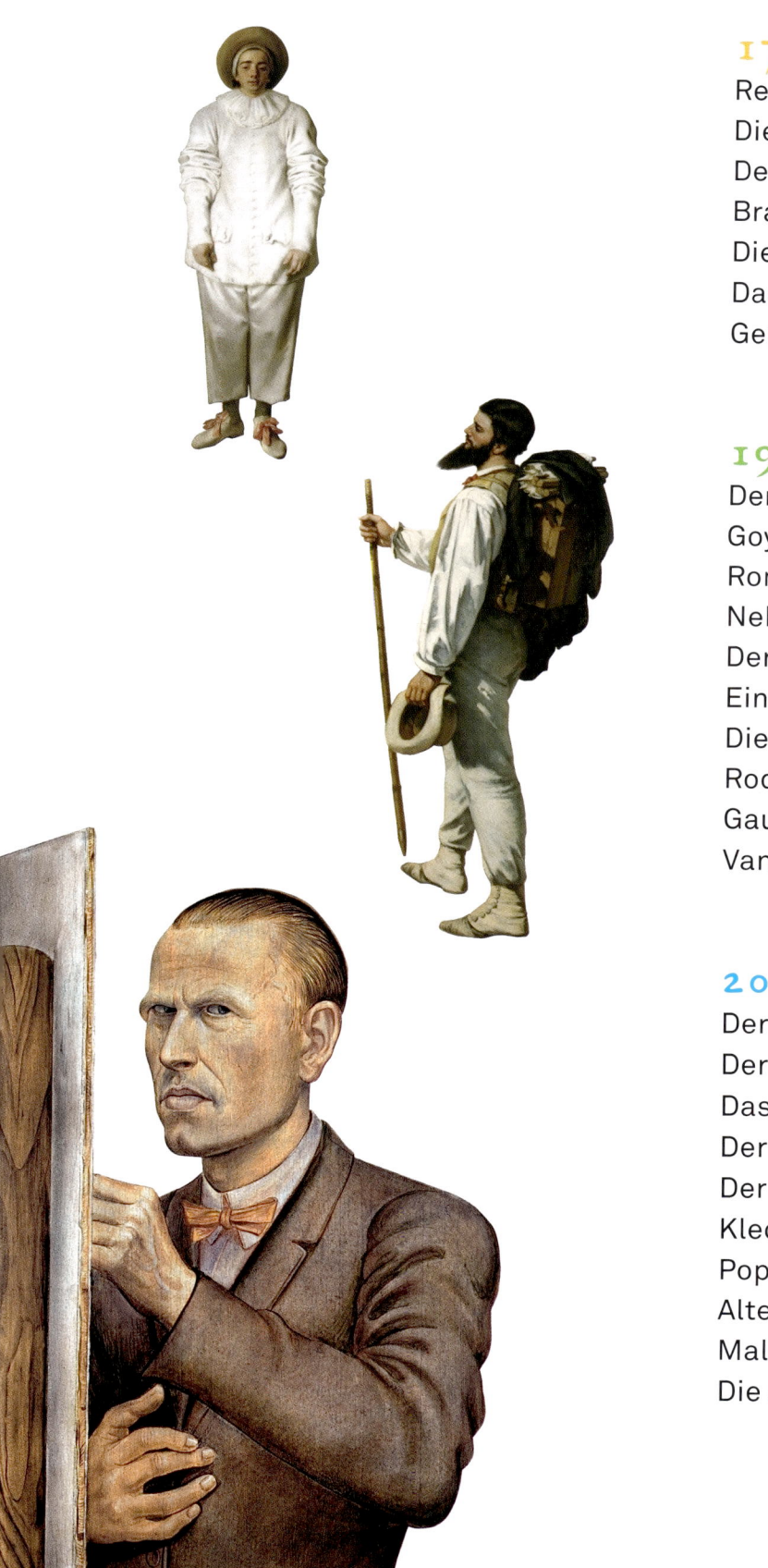

17.–18. Jahrhundert – Barock und Rokoko

19. Jahrhundert – Das große Kräftemessen

20. Jahrhundert – Im Labor der Künste

Kleine Venusfiguren und große Bisons

❶ **Pferd,** 14 000 – 13 000 v. Chr. Musée d'Archéologie nationale, Saint-Germain-en-Laye.

❷ **Köpfchen der Venus von Brassempouy,** um 21 000 v. Chr. Musée d'Archéologie nationale, Saint-Germain-en-Laye.

Die Steinzeitmenschen zeichneten ihre Bilder mit Kohle, farbiger Erde, Feuerstein oder Knochen auf Felsen oder ritzten sie in den Stein. Ihre Tierdarstellungen findet man noch heute an Höhlenwänden und Felsen entlang der Flüsse, wo die Menschen damals lebten. Außerdem verzierten sie auch Werkzeuge und Waffen.

Warum sie das taten, wissen wir bis heute nicht genau. Wollten sie die – vollbrachten oder geplanten – Heldentaten der Jäger darstellen,

③

③ **Stierreliefs,** 15 000 v. Chr. Roc-aux-Sorciers (Zaubererfelsen).

die Naturgewalten besänftigen oder die Geister der getöteten Tiere versöhnlich stimmen? Oder taten sie es einfach nur aus Freude am Zeichnen und Gestalten? Vielleicht war ihre Kunst ein Opfer für übernatürliche Mächte, eine magische Handlung?

Die ersten Menschen schufen auch winzige Figuren aus Ton und Stein. Diese kaum handgroßen Amulette sollten möglicherweise die Fruchtbarkeit der Frauen stärken. Schließlich gab es damals nicht viele Menschen – dafür aber umso mehr gefährliche Tiere.

Die Zeit der Antike

Mächtige Herrscher
in Mesopotamien

❶ **Der König von Assyrien durchbohrt einen Löwen mit seinem Schwert,** um 900–600 v. Chr. British Museum, London.

❷ **Mann mit Bart,** um 2600–2300 v. Chr. Musée du Louvre, Paris.

Ab 3500 vor Christus entwickelte sich in Mesopotamien, dem fruchtbaren Land zwischen den Flüssen Euphrat und Tigris, eine der ältesten Kulturen der Menschheit. Unter der Herrschaft der mächtigen babylonischen und assyrischen Reiche überdauerte diese Kultur mehrere tausend Jahre. Hier wurde auch die Schrift erfunden. Die mesopotamischen Könige wollten ihre Macht und ihr kriegerisches Können zur Schau stellen. Also beauftragten sie die Künstler mit Werken, die ihre Siege und ihr Jagdgeschick rühmten, um damit ihre Paläste zu schmücken. An deren Türen hielten in Stein gehauene Fabelwesen Wache. Krieg war damals das wichtigste Thema in der Kunst. Die Priesterstatuen in den Tempeln trugen Röcke aus Ziegenleder und beteten mit großen, weit aufgerissenen Augen zu ihren Gottheiten. Flehten sie um Verzeihung? Wohl kaum, denn die Götter kannten oft keine Gnade ...

❸ **Relief der Königin der Nacht,**
   um 1800–1600 v. Chr. British Museum, London.

❹ **Das Ischtar-Tor,** Ausschnitt, 612–540 v. Chr.
   Vorderasiatisches Museum, Berlin.

❺ **Statue des Oberaufsehers Ebih-il,**
   um 2500 v. Chr. Musée du Louvre, Paris.

❶ **Vogeljagdszene in einem Sumpfgebiet,** Ausschnitt,
um 1550–1295 v. Chr. British Museum, London.

❷ **Ibis,** 715–332 v. Chr. Privatsammlurg.

❸ **Der sitzende Schreiber,** um 2500–2350 v. Chr.
Musée du Louvre, Paris.

❹ **Büste der Königin Nofretete,** um 1350 v. Chr.
Ägyptisches Museum, Berlin.

– 3000   – 2000   – 1000   – 500   Christi Geburt   500   1000   1500 1600 1700 1800 1900 2000

Die ägyptische Kunst: Tor zur Ewigkeit

„Er, der am Leben erhält" – dies war eine Bezeichnung für einen Bildhauer im alten Ägypten. In dieser frühen Hochkultur war die Kunst vor allem dazu da, das Leben über den Tod hinaus zu verewigen. Es genügte nicht, die Körper der Toten als Mumien haltbar zu machen. Die Bildhauer schufen Statuen von Königen, Adligen und Beamten. Diesen Abbildern der Verstorbenen wurden Speisen und Getränke dargebracht – so als wären sie lebendig. Die Wände der Gräber waren mit Fresken ausgemalt und erzählten vom Leben der Toten: Sie zeigten sie beim Gebet, bei der Jagd und mit ihren Gemahlinnen. Dabei hielten sich die Künstler an feste Regeln, nach denen die wesentlichen Merkmale gut zu sehen sein mussten. Da man den Kopf am besten im Profil erkennt, den Körper aber von vorne, stellten die Maler ihre Figuren auch so dar. Während die gemalten Personen also ihrer Beschäftigung nachgehen, ohne uns anzusehen, ist der Blick der Statuen starr auf uns gerichtet.

❶

Der Hüftschwung

Die griechischen Künstler
nahmen sich zunächst die
mesopotamischen und
ägyptischen Bildhauer mit ihren eher
starren Skulpturen zum Vorbild. Erst
allmählich lösten sie sich von den
überlieferten Regeln und vertrauten
auf das, was sie sahen. Sie erkannten,
dass eine Statue viel lebendiger
wirkt, wenn die Füße nicht wie festge-
schraubt auf dem Sockel stehen oder
die Mundwinkel leicht nach oben
weisen. Bis dahin hatten die Statuen
nie gelächelt.
Es gelang diesen meisterhaften Bildhauern sogar, die einzelnen Muskeln

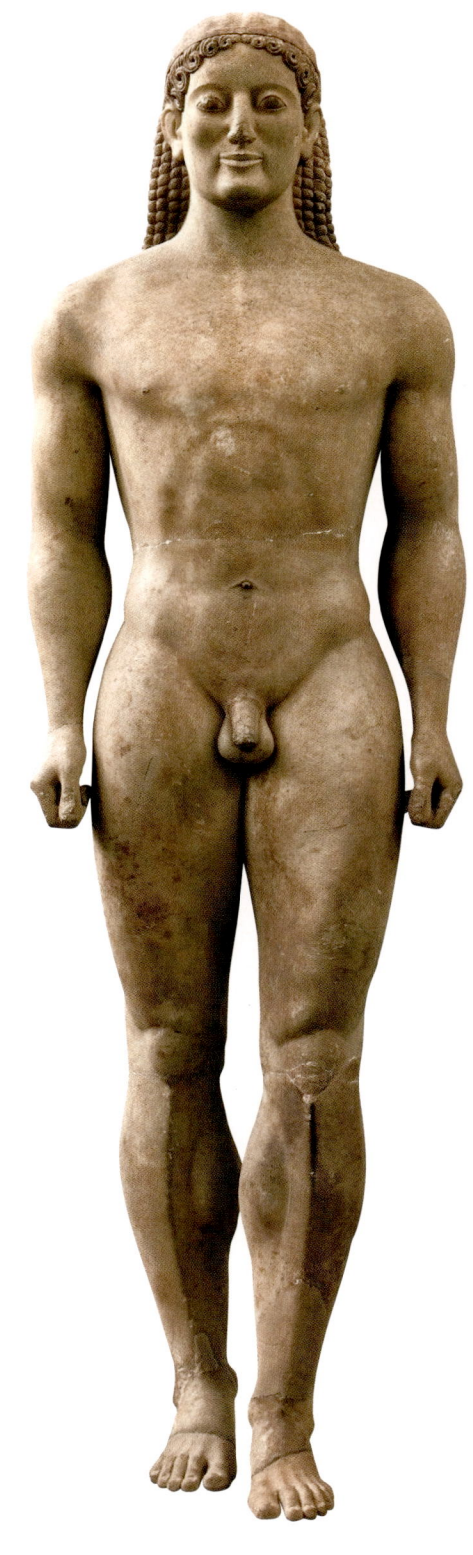

❷

– 3000   – 2000   – 1000   – 500   Christi Geburt   500   1000   1500 1600 1700 1800 1900 2000

❸

❹

❺

der Griechen

der Athleten, jedes noch so kleine Detail ihrer Gelenke und den Faltenwurf ihrer vom Wind aufgeblähten Gewänder wiederzugeben. Die Errungenschaft, Bewegung darzustellen, kam einer Revolution gleich und entwickelte sich parallel zu Philosophie und Wissenschaft. Die Menschen sahen in den Statuen von nun an keine Gottheiten mehr, sondern Kunstwerke, die sie ihrer Schönheit wegen bewunderten. Mit Bildhauern wie Phidias und Praxiteles, die schon in der antiken Welt berühmt waren, rückte nun der menschliche Körper in den Mittelpunkt der Kunst.

❶

Das vergnügliche Leben in Pompeji

Während die Römer die Welt eroberten, gab es in der Kunst kaum Veränderungen. Die siegreichen Generäle brachten von ihren Feldzügen reiche Beute mit, darunter auch viele Statuen. So wurden die Römer zu eifrigen Sammlern und nahmen die besten Künstler Griechenlands in ihre Dienste. Kaiser und Senatoren ließen sich von den Bildhauern am liebsten streng und mit ernster Miene darstellen. Ihre Villen glichen wahren Museen, in denen es sich aber gut leben ließ, wie die Fresken und Mosaike der Häuser in Pompeji zeigen. Die eindrucksvollen öffentlichen Bauwerke (Aquädukte, Theater, Triumphbögen) spiegeln die Macht und die Größe der römischen Zivilisation wider. Wirft man aber einen Blick in die privaten Häuser, offenbart sich eine ganz andere Welt: Junge Mädchen tanzen, die Katze fängt einen Vogel und gelegentlich werden geheimnisvolle Zeremonien abgehalten.

❷

❸

❹

❶ **Szene aus der Einführung in die Mysterien des Dionysos,** 1. Jahrhundert v. Chr., Fresko. Mysterienvilla, Pompeji.

❷ **Porträt zweier Eheleute,** 1. Jahrhundert v. Chr., Wandmalerei. Archäologisches Nationalmuseum, Neapel.

❸ **Büste des Julius Cäsar,** Kopie des griechischen Originals, 1. Jahrhundert n. Chr. Antikensammlung, Berlin.

❹ **Katze, die eine Wachtel fängt, mit Enten,** 2. Jahrhundert v. Chr., Mosaik. Archäologisches Nationalmuseum, Neapel.

Das Mittel-
alter

Steife Jungfrauen und gelenkige Sirenen

Mit dem Beginn der christlichen Zeitrechnung veränderten sich die Dinge. Während die antiken Tempel in erster Linie dazu gedient hatten, die Statuen der Götter zu beherbergen, fanden Zeremonien, Prozessionen und Opfergaben im Freien statt. In den christlichen Kirchen versammelten sich nun die Gläubigen zum Gottesdienst. Statuen gab es dort anfangs nicht, denn sie erinnerten zu sehr an heidnische Götzenbilder. Doch das änderte sich mit der Zeit. Da die wenigsten Menschen lesen und schreiben konnten, waren Bilder und Skulpturen bestens dazu geeignet, den Gläubigen die christlichen Lehren verständlich zu machen – so wie ein Bilderbuch Kindern die Welt erklärt. Die Marienstatuen sahen allerdings fast

– 3000   – 2000   – 1000   – 500   Christi Geburt   500   1000 Romanik   1500   1600   1700   1800   1900   2000

❶ **Thronende Jungfrau,** Mitte 12. Jahrhundert.
Musée du Louvre, Paris.

❷ **Gegeneinander aufgerichtete Löwen,** Ende 12. Jahrhundert.
Musée national du Moyen Âge, Paris.

❸ **Wiligelmus, Zwei Frauen Kopf an Fuß,** Mitte 12. Jahrhundert.
Museo Lapidario del Duomo, Modena.

❹ **Doppelschwänzige Sirenen an einem Kapitell,**
Mitte 12. Jahrhundert. Dom zu Parma.

wie Totems aus. Die Figuren an den Kirchen-
wänden waren sehr einfach dargestellt, strahlten
aber eine ungeheure Kraft aus. Unter sie mischten
sich Sirenen, heilige Märtyrer und Gnome und
machten ein ernstes, manchmal auch verschmitz-
tes Gesicht. Die wirklichkeitsgetreue Darstellung
war den Künstlern nicht so wichtig. Sie wollten
das Leben Jesu und die Geschichten aus der Bibel
in einfachen und lebendigen Bildern erzählen. So,
wie wir das heute aus Comics kennen.

❺ **Christus von San Martí de Puigbó,** Ausschnitt, 12. Jahrhundert,
Bischöfliches Museum, Vich, Spanien.

❶ **Der heilige Markus in seinem Studierzimmer,** Ausschnitt,
15. Jahrhundert. Pierpont Morgan Bibliothek, New York.

❷ **Ans Pult gekettete Bücher,** 15. Jahrhundert, Buchmalerei.
Musée Condé, Chantilly.

❸ **Großer Drachen,** 15. Jahrhundert, Buchmalerei. Musée Condé,
Chantilly.

❷

❸

Die Mönche haben Muskelkater vor lauter Buchmalerei

Zu Beginn des Mittelalters gab es den Begriff Künstler, so wie wir ihn heute kennen, noch nicht. Bildhauer und Maler galten als besonders geschickte Handwerker, ihre Namen sind meist nicht überliefert. Sie schufen Skulpturen aus Stein und Holz, malten auf Kirchenwände und Holztafeln. In den kalten *Skriptorien* (Schreibstuben) der Klöster verzierten

Mönche mit unendlicher Geduld die Seiten der Bücher, die noch komplett von Hand geschrieben wurden (der Buchdruck ist eine Erfindung aus der Mitte des 15. Jahrhunderts). Zunächst mussten die Mönche in monatelanger Arbeit die Texte auf gegerbtes Kalbs-, Schafs- oder Ziegenleder abschreiben. Dann schmückten sie die Ränder der Seiten mit prächtigen Blättern und

Ranken und mit Bildern, die man auch „Buchmalereien" oder „Miniaturen" nennt. Es war eine mühsame Arbeit. Manchmal hinterließen die Mönche kleine Notizen am Rand, die von ihrer Erschöpfung, ihren eisigen Füßen und ihren Rückenschmerzen erzählen. Diese Bücher waren so wertvoll, dass man sie bisweilen ankettete, damit sie nicht gestohlen wurden.

❶ Giotto di Bondone, *Szene aus dem Leben des heiligen Franziskus,* 13. Jahrhundert, Fresko. Basilika des heiligen Franziskus, Assisi.

❷ Simone Martini, *Guidoriccio da Fogliano bei der Belagerung von Montemassi,* um 1330, Fresko. Palazzo Pubblico, Siena.

− 3000   − 2000   − 1000   − 500   Christi Geburt   500   1000 Giotto   1500   1600   1700   1800   1900   2000

Ein italienischer Maler namens Giotto

m Jahr 1267 (über das genaue Datum sind sich die Historiker nicht ganz einig) wurde in einem kleinen Dorf in der Nähe von Florenz Giotto geboren. Damals ahnte noch niemand, dass dieses Kind bald einer der bekanntesten Künstler sein würde. Giotto malte Kirchenwände mit Fresken aus, die in einer ganz neuen Weise von Jesus und vom Leben der Heiligen erzählen. Er wollte nicht einfach nur malen, was er sah, sondern auch die menschlichen Gefühle darstellen. Seine Figuren wirken nicht mehr steif, sondern lebendig und zutiefst menschlich, sie weinen, unterhalten und umarmen sich, sie zeigen ihre Gefühle. Die Menschen bewunderten Giottos leuchtende Farben und die Natürlichkeit seiner Figuren.

Er gilt als Wegbereiter der Renaissance. Hatte man bisher zu Ehren Gottes gemalt, wurden nun auch andere Themen wichtig. So gaben die Fürsten der reichen Stadtstaaten Italiens Werke in Auftrag, die an ihre militärischen Erfolge erinnern sollten. Die Republik Siena beauftragte den Maler Simone Martini mit der Darstellung ihres *Condottiere* als siegreichen Feldherrn über die Feinde der Stadt: Wie eine Märchengestalt reitet er stolz durch eine Landschaft, die noch nicht sehr realistisch wirkt.

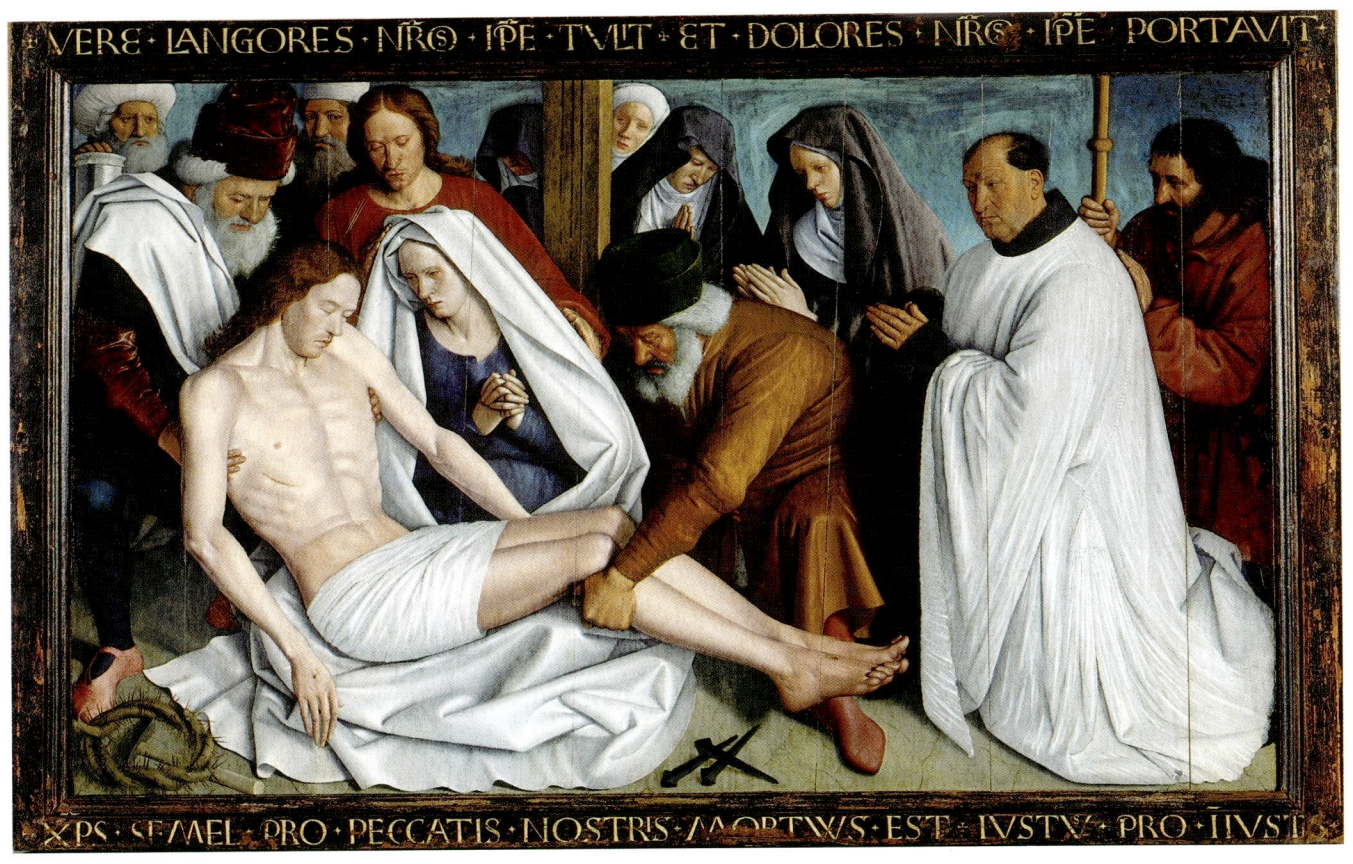

VERE · LANGORES · NŘ̃S · IP̃E · TVLT · ET · DOLORES · NŘ̃S · IP̃E · PORTAVIT

XPS · SEMEL · PRO · PECCATIS · NOSTRIS · MORTWS · EST · IVSTV · PRO · IIVST

❶ Jean Fouquet, *Pietà von Nouans,*
15. Jahrhundert. Pfarrkirche
Nouans-les-Fontaines.

❷ Jean Fouquet, *Selbstbildnis,*
um 1450. Musée du Louvre, Paris.

❸ Die Brüder von Limburg,
Stundenbuch des Herzogs von Berry,
Monatsbild August, 15. Jahrhundert.
Musée Condé, Chantilly.

Die feine höfische Kunst

An vielen europäische Höfen lebte man im 15. Jahrhundert in sagenhaftem Überfluss. In den Werkstätten des französischen Hofs, des Hofs des Herzogs von Burgund und der überaus reichen Städte Flanderns und Italiens widmete man sich mit beispielloser Sorgfalt der Verfeinerung der Künste. Die Maler reisten von Land zu Land und studierten die großen Meister. Der Franzose Jean Fouquet besuchte Rom und Neapel und malte elegante, würdevolle Bilder, wie die *Pietà von Nouans.* Sich selbst stellte er in einem der ersten Selbstbildnisse der Geschichte ziemlich melancholisch dar. Die Historiker glauben, dass sich Fouquet des hohen Ansehens bewusst war, das Maler damals genossen. Hätte er es sonst gewagt, sich so darzustellen? Die Brüder von Limburg aus Flandern malten im Auftrag des Herzogs von Berry eines der berühmtesten Stundenbücher. Diese Bücher wurden eigens für ihre Auftraggeber angefertigt, sie beinhalteten einen Kalender, eine Sammlung von Gebeten und Psalmen und zahlreiche Bilder. Die prachtvoll gekleideten Figuren geben uns Aufschluss über die höfische Lebensweise.

– 3000   – 2000   – 1000   – 500   Christi Geburt   500   1000   Gotik   1500   1600   1700   1800   1900   2000

Der Beruf des Malers gestaltete sich von dieser Zeit an schwieriger: Er musste den menschlichen Körper genauer kennen, sich mit den Gesetzen der Perspektive auseinandersetzen, die Natur studieren und in Skizzenbüchern üben. Das war bis dahin gar nicht möglich gewesen, weil das Papier, das die Chinesen schon in der Antike erfunden hatten, Jahrhunderte brauchte, bis es nach Europa kam.

Renaissance: das Goldene Zeitalter der Künste

❶ Gentile da Fabriano, *Anbetung der Heiligen Drei Könige,* 15. Jahrhundert. Uffizien, Florenz.

❷ Andrea Mantegna, *Rückkehr des Kardinals Francesco Gonzaga aus Rom,* Ausschnitt, 15. Jahrhundert, Fresko. Palazzo Ducale, Mantua.

❸ Benozzo Gozzoli, *Der Zug der Heiligen Drei Könige: Prozession des jungen Königs,* 1459–1461, Fresko. Palazzo Medici Riccardi, Florenz.

Der Glanz des Goldes und der Künste

Die Epoche, die man „Renaissance" (Wiedergeburt) nennt, hatte ihren Ursprung in Italien. Damals fand man bei archäologischen Ausgrabungen viele antike Statuen, die bei den Künstlern und Kunstinteressierten eine große Begeisterung für die griechische und römische Antike weckten. Die Antike

wurde also sozusagen „wiedergeboren". Seefahrer entdeckten auf ihren Reisen über die Weltmeere neue Kontinente. Die Wissenschaften machten große Fortschritte. Der Buchdruck wurde erfunden. Es war eine einmalige Zeit für Kunst und Kultur. Die reichen Städte Italiens überboten sich in ihrer Pracht.

Die wohlhabenden Kunstliebhaber – Bankiers, Geschäftsleute, Kirchenmänner und nicht zuletzt der Papst – gaben zahlreiche Werke in Auftrag. Sobald ein Maler über die Grenzen seiner Region hinaus berühmt war, wurde er an den Hof eines größeren Landesfürsten berufen. Dann stieg er auf sein Pferd

– 3000   – 2000   – 1000   – 500   Christi Geburt   500   1000   1400 1500 1600   1700 1800 1900 2000

③

und machte sich mit seinem Werkzeug, seinen Schülern und seinem gut gehüteten Spezialwissen auf den Weg. Unterwegs betrachtete er die Landschaft, damit er sie später in seinen Werken wiedergeben konnte. Und

vielleicht dachte er schon darüber nach, wie er seinen Gemälden räumliche Tiefe geben könnte.

Sicher ist, dass die Künstler damals die Möglichkeiten der Perspektive entdeckten: Um den Eindruck zu erwecken, dass

Personen, Pferde oder Tiere sich in weiter Entfernung vom Betrachter befinden, malten sie sie kleiner als die Figuren im Vordergrund.

Dem Krieg zu Ehren

m 14. und 15. Jahrhundert waren die italienischen Städte sehr auf ihre Unabhängigkeit bedacht. Einige, wie Siena, Venedig oder Genua, waren damals schon Republiken, andere befanden sich noch unter der strengen Herrschaft des Adels. Jeder wollte die Stadt des anderen erobern, und Gele-genheiten, sich zu bekriegen, gab es genug. Schon der geringste Vorwand genügte den kühnen Feldherren, um in ihren funkelnden Ausrüstungen in den Kampf zu ziehen. Natürlich wollten die Landesfürsten ihre Siege verewigen und so gaben sie gewaltige Gemälde in Auftrag. *Die Schlacht von San Romano,* bei der die Florentiner über die Sieneser siegten, stammt von Paolo Uccello. Die Szene wirkt wie ein gigantisches Mario-nettentheater. Der Maler war von den neuen Möglichkeiten der Perspektive fasziniert: Manche Figuren malte er stark verkürzt, zum Beispiel den Solda-ten, der links mit dem Gesicht zum

– 3000   – 2000   – 1000   – 500   Christi Geburt   500   1000   1400 1500 1600 1700 1800 1900 2000

Boden liegt. Uccello war so besessen von seiner Arbeit, dass er nicht einmal seine Frau hörte, als sie ihn zum Essen rief. „Was für eine entzückende Perspektive!", seufzte er, während sich die Ritter in seinem Gemälde gegenseitig aufspießten.

❶ Paolo Uccello, *Die Schlacht von San Romano,* 1438–1440. National Gallery, London.

❷ Piero della Francesca, *Die Schlacht zwischen Heraklius und Chosroes,* 1464. Kirche von San Francesco, Arezzo.

❸ *Die Schlacht zwischen Heraklius und Chosroes,* Ausschnitt.

❶ Luca Signorelli, *Die Verdammten,*
15. Jahrhundert. Dom zu Orvieto, Italien.

❷ ❸ *Die Verdammten,* Ausschnitte.

❹ Luca Signorelli, *Die Auferstehung des Fleisches,* Ausschnitt, 15. Jahrhundert.
Dom zu Orvieto, Italien.

Signorellis Höllenqualen

Der italienische Maler Luca Signorelli lernte bei den großen Meistern Piero della Francesca und Verrocchio die Grundlagen des Bildaufbaus, der Perspektive, der Anatomie (Lehre vom Aufbau des menschlichen Körpers) und wie man die Farben am besten einsetzt. Seine Fresken in einer Kapelle des Doms von Orvieto zählen zu den großen Meisterwerken. Vor allem seine Darstellung der Hölle ist einzigartig. In einem sagenhaften Durcheinander piesacken Teufel mit grünlichen und bläulichen Hinterteilen die armen Sünder, die zur Hölle fahren: Sie beißen ihnen ins Ohr, würgen sie, ziehen sie an den Haaren und treten ihnen ins Gesicht. Diese Darstellung der körperlichen Qualen zeigt deutlich, dass sich der Unterricht in Anatomie gelohnt hat: Muskeln, Sehnen, Hände, Füße und Schulterblätter sind perfekt wiedergegeben. Signorellis Werk führt uns die geballte Kraft und die Schönheit des menschlichen Körperbaus vor Augen. Sogar Michelangelo war von dem Fresko so beeindruckt, dass er sich davon für seine Arbeit in der Sixtinischen Kapelle anregen ließ.

Das Paradies von Botticelli

In Florenz herrschten die Medici, eine sagenhaft reiche Familie. Sie ließen Paläste und Villen errichten und nahmen die bedeutendsten Künstler, Dichter und Philosophen in ihre Dienste. Am Hof dieser gebildeten Leute wurden Gedichte vorgetragen und Geschichten aus der antiken Mythologie vorgelesen, in denen die Zuhörer geheimnisvolle und tiefe Wahrheiten fanden. Dem jungen Botticelli gelang es, diese feinsinnige Atmosphäre wiederzugeben: In seinem Gemälde *Der Frühling* werden Dichtung, Kunst und Musik durch drei anmutige Grazien verkörpert. *Die Geburt der Venus* stellt die Göttin der Schönheit dar, wie

❶ ❷ ❸ **Sandro Botticelli, *Der Frühling***
(und Ausschnitte), um 1477–1478. Uffizien, Florenz.

④

sie aus den Wellen geboren und von den Göttern des Windes ans Ufer getrieben wird. Man meint, die leichte und duftende Brise in den flatternden Stoffen und in den wehenden Haaren der Göttin tatsächlich zu spüren. Botticellis Auftraggeber für dieses Gemälde war Lorenzo Medici. Dieser hatte damals auch einen gewissen Amerigo Vespucci in seinen Diensten, der einige Jahre später Kurs auf die Neue Welt nahm und – alle Segel gesetzt! – Amerika erforschte.

④ **Sandro Botticelli,** *Die Geburt der Venus,* 1485. Uffizien, Florenz.

Leonardo – der vielseitige Künstler

Er war Maler, Bildhauer, Ingenieur, Erfinder, Architekt, Schriftsteller, Wissenschaftler, Botaniker, Karikaturist und schuf faszinierende Porträts – der Italiener Leonardo da Vinci war ein Universalgenie, eine unerschöpfliche Quelle für neue Ideen und kühne Erfindungen. Er war so faszinierend, dass man ihn damals sogar für eine Art Magier hielt. Und tatsächlich

war er sehr speziell: Er ließ sich nichts vorschreiben. Tagelang konnte er vor einem Bild sitzen und darüber nachdenken, ohne auch nur einen Pinselstrich zu tun. Er ließ es so lange unvollendet, wie er es für nötig hielt, und es kümmerte ihn nicht, wenn seine Auftraggeber ungeduldig wurden. Leonardo war ein Denker und ging den Dingen mit der Pinselspitze auf den Grund. Er erfand

❶ Nach Leonardo da Vinci, *Kopf eines Mannes im Profil, mit plattgedrücktem Gesicht,* 15. Jahrhundert. Musée du Louvre, Paris.

❷ Nach Leonardo da Vinci, *Kopf eines Mannes mit Tellermütze,* 15. Jahrhundert. Musée du Louvre, Paris.

❸

❹

eine Maltechnik, die „Sfumato" heißt (von dem italienischen Wort fumo = Rauch). Die Umrisse seiner Figuren und Landschaften sind unscharf und von einem goldbraunen Dunstschleier umhüllt: so auch das Porträt der *Mona Lisa*. Sie scheint unserem Blick mit Melancholie oder leichtem Spott zu begegnen. Der große italienische Dichter Dante sagte einmal: „Der Mund und die Augen sind das Fenster zur Seele." Als hätte sich der Maler das zu Herzen genommen, offenbart er uns in seinen Bildern die Rätselhaftigkeit des Lebens. Von zartem Licht umschmeichelt, ist die *Mona Lisa* … einfach nur da.

❸ Leonardo da Vinci, *Mona Lisa,* um 1503–1506. Musée du Louvre, Paris.

❹ Leonardo da Vinci, *Die Dame mit dem Hermelin,* um 1490. Czartorysky-Museum, Krakau.

Michelangelo: Bildhauer, Maler und Dichter

Er war einer der größten Künstler aller Zeiten, ein begnadeter Dichter und ... ein äußerst schwieriger Mensch. Die Rede ist von Michelangelo Buonarroti. Mit 13 Jahren arbeitete er in der Werkstatt von Ghirlandaio, hielt aber nicht viel von seinem Lehrmeister, dessen Gemälde ihm zu gekünstelt waren. So blieb er oft der Arbeit fern und trieb sich in den Gärten der Medici herum, wo er die antiken Skulpturen studierte. Michelangelo verstand sich selbst vor allem als Bildhauer, er liebte den Stein über alles. Seine Arbeit glich einem Kampf, bei dem er die Geschöpfe aus dem kalten Marmorblock zu befreien schien. Und am Ende kam ein lebendig anmutendes Wesen mit samtweicher Haut zum Vorschein. Michelangelo war vom menschlichen Körper geradezu besessen, er wollte ihn bis ins letzte Detail ergründen und sezierte zu diesem Zweck sogar Leichen. Als Papst Julius II. ihn beauftragte, das riesige Deckengewölbe der Sixtinischen Kapelle auszumalen, lehnte er zunächst ab – unter dem Vorwand, er sei Bildhauer und

❸ Michelangelo, *Der sterbende Sklave,* um 1513–1514. Musée du Louvre, Paris.

❹ Michelangelo, *Studie für die Figur des Adam in der Sixtinischen Kapelle,* 16. Jahrhundert. Musée du Louvre, Paris.

❺ Michelangelo, *Die Erschaffung Adams,* Ausschnitt, 1511, Fresko. Sixtinische Kapelle, Vatikan.

kein Maler. Aber der Papst bestand darauf. Also ließ der Künstler seine Gehilfen kommen, schickte sie aber nach kurzer Zeit wieder weg. Er zog sich in die Kapelle zurück und ließ niemanden herein. In den folgenden vier Jahren malte er unter größten Anstrengungen in schwindelerregender Höhe rücklings auf einem Gerüst liegend, während ihm die Farbe ins Gesicht tropfte. Als er fertig war, erstrahlte an der Decke ein geniales Meisterwerk. Dem Betrachter kommt es so vor, als würden sich die Figuren aus den biblischen Geschichten tatsächlich bewegen.

❶ Meister des Augustineraltars, *Der Heilige Lukas malt die Madonna,* 15. Jahrhundert. Germanisches Nationalmuseum, Nürnberg.

❷ Jan van Eyck, *Die Arnolfini-Hochzeit,* 1434. National Gallery, London.

Die Erfindung der Ölmalerei

Zu Beginn des 15. Jahrhunderts erhielten die Künstler in den bedeutenden Städten von Flandern – ähnlich wie in Italien – viele Aufträge von reichen Kaufleuten. Einer dieser Künstler, Jan van Eyck, entwickelte eine Ölmalerei, die seine Besucher begeisterte. Damals gab es noch keine Farben in Tuben. Die Schüler rührten die Farben selbst an, indem sie aus Pflanzen oder Mineralien gewonnenes farbiges Pulver mit Ei vermischten. Diese Mischung trocknete jedoch schnell ein und machte ein Überarbeiten der Gemälde unmöglich. Van Eyck erfand eine neue Rezeptur: Er verrührte die Farbpigmente mit Öl. So gewann er kräftige, leuchtende Farben, mit denen man sich beim Malen mehr Zeit lassen konnte. In seinem Gemälde *Die Arnolfini-Hochzeit* hat man fast das Gefühl, den Raum betreten zu können. Der bronzefarbene Kronleuchter, der Teppich, der Pelzumhang, der kleine Spiegel, in dem man van Eyck in seinem blauen Gewand erahnen kann ... jedes einzelne Detail wirkt, als wäre es echt.

Die Künstler aus dem Norden Europas, wie van Eyck, Rogier van der Weyden und Hans Memling, waren damals weithin bekannt. Sie schufen Porträts und überwältigende religiöse Gemälde wie *Die Madonna des Kanzlers Rolin,* das vom Kanzler des Herzogs von Burgund in Auftrag gegeben wurde. Er ist in diesem Bild in prunkvollem Gewand andächtig vor dem Jesuskind betend dargestellt. Eines Tages beschloss van Eyck, seine Frau zu malen. Nicht als Eva oder als Heilige Jungfrau, sondern so, wie sie tatsächlich aussah. Damit gewann der Künstler eine neue Unabhängigkeit: Er nahm sich das Recht, zu malen, was ihm gefiel.

❸ **Jan van Eyck,** *Die Madonna des Kanzlers Rolin,* 15. Jahrhundert. Musée du Louvre, Paris.

❹ **Jan van Eyck,** *Porträt der Margarete van Eyck,* 1439. Groeningemuseum, Brügge.

① Hieronymus Bosch, *Der Garten der Lüste,*
geschlossenes Triptychon, um 1510.
Museo del Prado, Madrid.

② Hieronymus Bosch, *Der Garten der Lüste,*
geöffnetes Triptychon.

Die fantastische Welt des Hieronymus Bosch

Über den holländischen Maler Hieronymus Bosch ist kaum etwas bekannt, außer dass er ein ruhiges Leben als Familienvater führte. Was für ein Gegensatz zwischen der zurückhaltenden Person und diesen Bildern, die den schlimmsten Albträumen zu entspringen scheinen. In diesen Werken geht es um den Kampf zwischen Gut und Böse, um menschliche Leidenschaften und märchenhafte Fantasien. Bosch war eine Art Bindeglied zwischen zwei Epochen: Er war von den Schrecken des Mittelalters geprägt und zugleich ein Humanist und Philosoph. Er war mit dem Volksglauben und den Bauernweisheiten vertraut, kannte als Gelehrter aber auch die alten Schriften. Es ist unmöglich, sein Triptychon (ein dreiteiliges Gemälde mit aufklappbaren Flügeln) *Der Garten der Lüste* zu erklären. Man kann sich allerdings die Überraschung und Verwunderung der Menschen vorstellen, als hinter der grauen Erdkugel der geschlossenen Flügel plötzlich das farbenfrohe Gewimmel von teilweise abenteuerlich verrenkten Kreaturen in einer Fantasiewelt zum Vorschein kam.

②

Dürer: Maler, Kupferstecher und Reisender

Um 1450 erfand Gutenberg in Mainz den Buchdruck. Bis dahin waren Bücher einzeln von Hand gefertigt worden. Diese Erfindung kam einer Revolution gleich. Endlich ließen sich Bücher in viel größerer Anzahl drucken und so die Erfahrungen und das Wissen der Menschen in ganz Europa verbreiten. Auch für die Maler war der Buchdruck von großer Bedeutung. Genau wie Texte konnten nun nämlich auch Bilder vervielfältigt werden. Einer der ersten Künstler, der dieses Verfahren nutzte, war der in Nürnberg geborene Albrecht Dürer. Er war ein begnadeter Zeichner und ein äußerst liebenswürdiger Mensch. Mit nur 13 Jahren zeichnete er ein erstes Selbstbildnis, auf dem er auffallend ernst wirkt. Sein Vater war Goldschmied und zeigte ihm, wie man mit der Gravier- und Radiernadel umgeht (ein Werkzeug, mit dem man auch Kupferstiche herstellen kann, also Bilder in eine Kupferplatte eingravieren und dann

– 3000   – 2000   – 1000   – 500   Christi Geburt   500   1000   1400 1500 1600 1700 1800 1900 2000

❸

❹

drucken kann). Nach seiner Lehre unternahm Dürer eine lange Studienreise nach Italien. Er überquerte die Alpen, die ihn sehr beeindruckten und die er in Aquarellen festhielt. In Italien angekommen, besuchte er Universitäten und traf Maler, Gelehrte und Mathematiker. Dürer ging bis zu seinem Lebensende immer wieder

auf Reisen, um seine Kunst zu vervollkommnen. Er starb 1528 an einem Fieber, das er sich in einem Sumpfgebiet zugezogen hatte, wo er einen gestrandeten Wal sehen wollte, um ihn zu zeichnen.

❶ Albrecht Dürer, *Adam und Eva,* 16. Jahrhundert, Kupferstich. Musée du Louvre, Paris.

❷ Albrecht Dürer, *Rhinozeros,* 1515, Holzschnitt. Musée du Louvre, Paris.

❸ Albrecht Dürer, *Selbstbildnis des Dreizehnjährigen,* 1484. Albertina, Wien.

❹ Albrecht Dürer, *Selbstbildnis mit Distel,* 1493. Musée du Louvre, Paris.

· ANNO · ÆTATIS ·   · SVÆ · XLIX ·

❶

Hans Holbein: die Kunst der Porträtmalerei

Das 16. Jahrhundert brachte eine ganze Generation bedeutender deutscher Maler wie Dürer, Grünewald und Cranach hervor. Mit der Entstehung der von Martin Luther begründeten neuen Glaubensrichtung, dem Protestantismus, änderte sich jedoch einiges. Die Protestanten hielten nichts von dem Prunk in den katholischen Kirchen und lehnten religiöse Gemälde in ihren Gotteshäusern ab. So erhielten die Künstler immer weniger Aufträge, was auch Hans Holbein zu spüren bekam. Deshalb nahm er die Einladung des englischen

−3000   −2000   −1000   −500   Christi Geburt   500   1000   1400 1500 1600 1700 1800 1900 2000

❷

Königs nach London an und wurde Hofmaler bei Heinrich VIII. Er porträtierte die Mitglieder der königlichen Familie und den englischen Adel. Betrachtet man diese Figuren in ihrer würdevollen Haltung, meint man, in das tiefste Innere ihrer Seele blicken zu können. In seinem Gemälde *Die Gesandten* gelingt Holbein ein Meisterstück der optischen Täuschung (Trompe-l'œil) mit einer seltsamen Form, die über dem Boden schwebt. Nur von einem bestimmten Blickwinkel aus kann man erkennen, dass es sich um einen verzerrten Totenschädel handelt, dar-

❸

gestellt als eine „Anamorphose" (Verformung). Der Schädel ist eine Anspielung auf die Vergänglichkeit des Lebens und das Schicksal, das uns alle erwartet. Hans Holbein starb 1543 mit 46 Jahren in London an der Pest.

❶ **Hans Holbein, *Porträt von Heinrich VIII.,*** 16. Jahrhundert. Galleria Nazionale d'Arte Antica, Rom.

❷ **Hans Holbein, *Dame mit Eichhörnchen und Star,*** 1526–1528. National Gallery, London.

❸ **Hans Holbein, *Die Gesandten,*** 1533. National Gallery, London.

❶

Das schillernde Licht in Venedig

Dem Maler Giorgione können nur fünf Gemälde mit Gewissheit zugeordnet werden, dennoch ist er als bedeutender Künstler bekannt. *Das Gewitter* ist sein berühmtestes und geheimnisvollstes Werk. Vor einem dunklen Gewitterhimmel sitzt eine halb-nackte Frau und stillt ihr Kind, während ein Mann zusieht. Vielleicht handelt es sich um Adam und Eva, die aus dem Paradies vertrieben wurden? Jedenfalls wird hier die Landschaft erstmals zum Hauptthema eines Bildes. Die Natur ist für Giorgione in diesem Bild kein schmückendes Beiwerk, sondern er sieht den Boden, die Felsen, das Laub der Bäume, das Wasser des Flusses, den Mann, die Frau und das Kind als eng miteinander verbundene Elemente. Die Künstler aus Venedig und dem Norden Italiens wollten mit ihrer Malweise eine

−3000   −2000   −1000   −500   Christi Geburt   500   1000   1400 1500 1600 1700 1800 1900 2000

❷

❸

warme und zugleich geheimnisvolle Stimmung in den Bildern erzeugen. Die Umrisse sind verschwommen, die zarten Farben gehen ineinander über, wie in dem Gemälde *Mystische Hochzeit der heiligen Katharina von Alexandrien,* das Correggio in goldbraunen Tönen gemalt

hat. Auch über diesen Maler ist nur wenig bekannt. Aber wir können die feinen Farbabstufungen bewundern, eine neue Farbensprache, die seinen Werken eine unendliche Zartheit und Anmut verleiht.

❶ **Giorgione,** *Das Gewitter,* 16. Jahrhundert. Accademia, Venedig.

❷ **Correggio,** *Porträt eines jungen Mannes,* 16. Jahrhundert. Musée du Louvre, Paris.

❸ **Correggio,** *Mystische Hochzeit der heiligen Katharina von Alexandrien,* 16. Jahrhundert. Musée du Louvre, Paris.

47

Raffael, Veronese und Tizian: die Titanen der Leinwand

L ange Zeit hatten die Maler auf Holztafeln gemalt, doch im Laufe des 15. Jahrhunderts begannen sie, Stoff auf einen Holzrahmen zu spannen: Die Leinwand war geboren. Der venezianische Maler Mantegna benutzte die vergleichsweise handliche Konstruktion als einer der Ersten. Wahrscheinlich, weil es in Venedig überall Leinen zu kaufen gab, das in den zahlreichen Webereien für Schiffssegel hergestellt wurde. So wurden die schweren Holztafeln, zunächst in Venedig, später dann in ganz Europa, durch den viel leichteren Stoff ersetzt. Auf Leinwand gemalte Bilder konnten klein, aber auch sehr groß sein, wie das berühmte Gemälde *Die Hochzeit zu Kana* von Veronese, das 6,60 x 9,90 m misst und die Geschichte aus dem Leben Jesu erzählt, in der er Wasser in Wein verwandelt.

– 3000   – 2000   – 1000   – 500   Christi Geburt   500   1000   1400 1500 1600 1700 1800 1900 2000

❸

❹

Raffael, der seine Mutter im Alter von acht Jahren verlor, malte zärtliche Madonnen mit Kind. Er schuf auch lebendige Porträts, wie das seines Freundes, des Diplomaten und Dichters Baldassare Castiglione. Wie aus Samt und Seide wirken die Gemälde von Tizian. Kaum zu glauben, dass diese wunderbaren Figuren nichts anderes als Ölfarbe auf grobem Leinen sind. Sie wirken so lebendig … Hat uns da nicht eben einer zugeblinzelt?

❶ Raffael, *Baldassare Castiglione,*
16. Jahrhundert. Musée du Louvre, Paris.

❷ Paolo Caliari Veronese, *Die Hochzeit zu Kana,*
16. Jahrhundert. Musée du Louvre, Paris.

❸ Tizian, *Bacchus und Ariadne,* 1523.
The National Gallery, London.

❹ Tizian, *Porträt eines Mannes,* 1512.
The National Gallery, London.

❶ Pieter Bruegel, *Der Maler und sein Kritiker,*
16. Jahrhundert. Albertina, Wien.

❷

Bruegel bringt die Bauern ins Bild

„Er war ein ruhiger, weiser und zurückhaltender Mensch. Aber in Gesellschaft war er sehr unterhaltsam und jagte den Leuten oder seinen Schülern mit Geistergeschichten und tausend anderen Teufeleien gerne Angst ein", erzählte man sich über den holländischen Maler Bruegel den Älteren. Abgesehen davon ist wenig über ihn bekannt. Er lebte in Antwerpen und Amsterdam, beide damals lebendige Hafenstädte, die dank des regen Handels mit den Kolonien schnell wuchsen. Holland und Flandern unterstanden noch dem streng katholischen König von Spanien und kämpften um ihre Unabhängigkeit. Die protestantische Religion breitete sich in diesen Provinzen rasch aus, weshalb es für die Maler weniger Aufträge für religiöse Gemälde gab. Also mussten sie sich andere Themen suchen

− 3000   − 2000   − 1000   − 500   Christi Geburt   500   1000   1400 1500 1600 1700 1800 1900 2000

❸

und fanden diese in Szenen aus dem Alltag der Menschen in ihrer ländlichen Umgebung. So entstand mit Pieter Bruegel dem Älteren die „Genremalerei". Zum ersten Mal tauchten in Gemälden die schwerfälligen Gestalten der Bauern auf. Lachend tanzen sie auf Hochzeiten zur Musik von Sackpfeifen und prosten sich zu. Mit dem Holzlöffel am Hut servieren zwei Männer heißen Brei, während draußen die Jäger mit ihren erschöpften Hunden durch den Schnee stapfen.

❷ Pieter Bruegel, *Die Bauernhochzeit,* 1568. Kunsthistorisches Museum, Wien.
❸ Pieter Bruegel, *Die Heimkehr der Jäger,* 1565. Kunsthistorisches Museum, Wien.

17.–18. Jahrhundert

Barock und Rokoko

Rembrandt: eine Welt in Braun und Gold

Rembrandt war der Sohn eines wohlhabenden Müllers. Er besaß bereits mit 25 Jahren seine eigene Malerwerkstatt in Amsterdam und war schon bald sehr erfolgreich. Aber ein Glück kommt selten allein: Er heiratete Saskia, eine junge, hübsche Frau aus gutem Hause, mit der er ein verschwenderisches Leben führte und nur in den besten Kreisen der Stadt verkehrte. Um 1640 erhielt er von der Schützengilde den Auftrag für ein Gruppenbildnis. In einem geheimnisvollen Helldunkel setzt Rembrandt die Soldaten auf seine ganz eigene Weise ins Bild: nicht in starrer Porträtpose, sondern bewaffnet, als kämen sie gerade in großem Tumult aus dem Gebäude heraus. Die erdigen Töne bringen das rötliche Schimmern der Waffen und der kostbaren Stoffe erst richtig zur Geltung. Ein Mann schlägt die Trommel, ein anderer lädt sein Gewehr, noch ein anderer durchquert im Hintergrund die

– 3000   – 2000   – 1000   – 500   Christi Geburt   500   1000   1400 1500 1600 1700 1800 1900 2000

❸

Szenerie, und ein hell beleuchtetes Mädchen blickt in unsere Richtung. Was bedeutet dieser ganze Trubel? Die edlen Herren scheinen sich recht wichtig zu nehmen. Hier wird eine Fahne geschwenkt, dort werden die Lanzen gekreuzt und mittendrin bellt ein Hund. Und sollte etwa das Auge einer der Personen im Hintergrund das meisterhafte Auge von Rembrandt selbst sein, mit dem er die Menschen – und nicht zuletzt sich selbst – beobachtet? Die Jungen und die Alten, die Armen und die Mächtigen, die Schönen und die Hässlichen ... und sogar diesen toten Ochsen. Nie zuvor hatte jemand so etwas gemalt. In dem Gemälde *Der geschlachtete Ochse* steckt eine Magd den Kopf zur Tür herein. Wie kommt ihr Herr nur auf die Idee, ein rohes Stück Fleisch zu malen? Welches Thema er auch wählte, Rembrandts Bilder sind universelle Meisterwerke. Im Jahre 1669 starb er dennoch völlig verarmt und hinterließ nur ein paar Kleidungsstücke und seine Malsachen.

Die holländische Malerei
oder der Zauber des Alltäglichen

Da es immer weniger Aufträge für religiöse Gemälde gab, mussten die Maler neue Themen finden, um ihren Lebensunterhalt zu verdienen. Einige wurden Porträtmaler, wie Holbein, andere wiederum malten Stillleben: darauf sieht man Blumen, einen Teller mit Speisen, ein Weinglas ... Das Wechselspiel zwischen Transparenz und

Spiegelung ist so vollendet, dass man sofort zugreifen möchte – diese Bilder waren sehr beliebt. Andere Künstler, wie Jacob van Ruisdael, spezialisierten sich auf die Landschaftsmalerei. In der Nähe seiner Heimatstadt Haarlem befasste er sich eingehend mit dem Spiel von Licht und Schatten auf den Wolken und auf den vom Seewind gepeitschten Blättern.

Andere schließlich, wie Johannes Vermeer, malten einfache Szenen aus dem Alltagsleben, wie die Frau, die Milch in eine Schale gießt. Man sieht die Milch langsam fließen, und doch scheint die Zeit auf wundersame Weise stehengeblieben zu sein. Vermeer hat zeit seines Lebens kaum mehr als 40 Gemälde geschaffen, vermutlich,

❶ Georg Flegel, *Stillleben,* 17. Jahrhundert. The Metropolitan Museum of Art, New York.

❷ Jacob van Ruisdael, *Dünenlandschaft mit Buschwerk,* 17. Jahrhundert. Musée du Louvre, Paris.

❸ Johannes Vermeer, *Dienstmagd mit Milchkrug,* um 1658–1660. Rijksmuseum, Amsterdam.

weil er sehr langsam malte. Die kräftige Frau, die ganz in ihre Tätigkeit versunken ist, erstrahlt in einer vollendeten Farbharmonie und lässt uns die verborgene Schönheit der einfachen Dinge neu entdecken.

❸

Der Barock: Kunst in Bewegung

Als Antwort auf den Protestantismus entwickelte sich in den katholischen Ländern ein üppiger Stil, den man „Barock" nennt. In den Werken des Barock begegnen uns wallende Gewänder und sich bewegende Körper, Engel, die vom Himmel fallen, und Christus, der vom Kreuz stürzt. Ob düsteres Treiben oder farbenprächtiges Durcheinander, die Gemälde sind stets ausgewogene Kompositionen. In Italien wurde 1571 Caravaggio geboren, ein großer Künstler ... und auch ein Mörder, denn er ging mit dem Pinsel genauso geschickt um wie mit dem Dolch. Die Menschen in seinen Bildern treten mit dramatischer Leuchtkraft aus dem

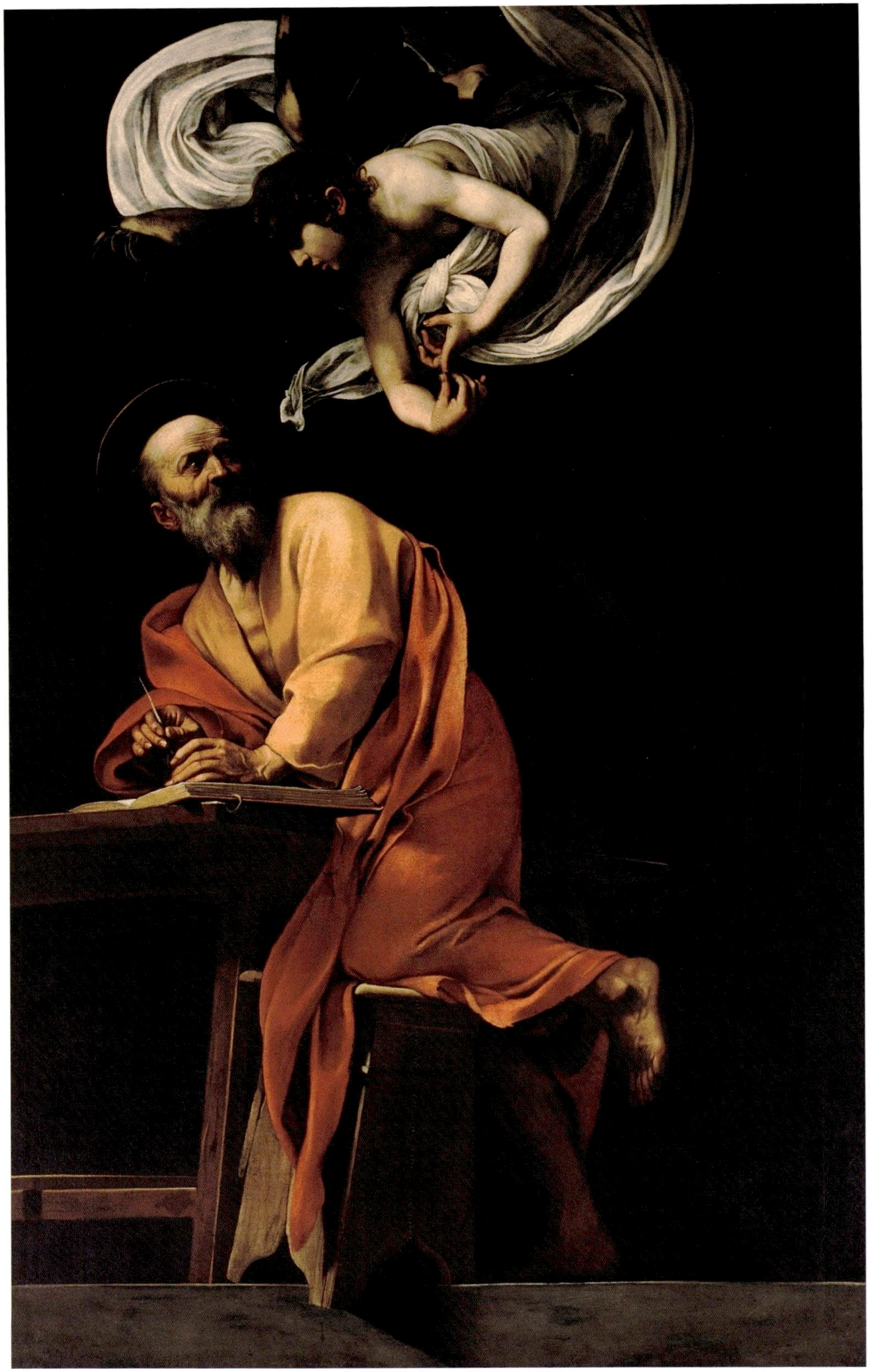

❶

❷

❸

Dunkel hervor. Der holländische Maler Rubens sah während einer Italienreise die Werke von Caravaggio, den er sehr bewunderte. In Caravaggios Bildern dominieren die dunklen Töne, während die Bilder von Rubens in leuchtenden Farben erstrahlen. In Antwerpen bewohnte er ein prächtiges Haus mit einer riesigen Werkstatt, wo er – gemeinsam mit seinen zahlreichen Gehilfen – im Auftrag europäischer Prinzen gewaltige Gemälde schuf.

Seine Werke strahlen eine enorme Lebenskraft und Energie aus. Sie schmückten die Paläste reicher Händler, die immer neue Bilder bestellten. Rubens hatte mehr als genug zu tun, zumal er auch oft in schwieriger diplomatischer Mission für die Landesfürsten unterwegs war und mit vielen ausländischen Gelehrten einen regen Briefwechsel unterhielt – auf Latein!
Als er 1640 starb, trauerte ganz Europa um ihn.

❶ Caravaggio, *Der heilige Matthäus und der Engel,* 1600–1601. San Luigi dei Francesi-Kirche, Rom.

❷ Peter Paul Rubens, *Clara Serena,* 1616. Sammlung des Fürsten von Liechtenstein, Vaduz.

❸ Peter Paul Rubens, *Die Tigerjagd,* um 1616. Musée des Beaux-Arts, Rennes.

Brave Infanten und wilde Prinzen

Der flämische Rubens-Schüler Anthonis van Dyck hatte nicht die Energie seines Meisters, er war von eher zarter Gesundheit. Seine eleganten, etwas melancholischen Gemälde gefielen dem englischen König Karl I. so gut, dass er ihn an seinen Hof holte. Auch van Dyck hatte so viele Aufträge, dass er – wie Rubens – Gehilfen in seine Dienste nahm. Ihre Aufgabe war es, die Kostüme zu malen, die man zuvor großen Puppen angezogen hatte.

Van Dyck malte anschließend die Gesichter und vollendete die Bilder, in denen die schimmernden Satinstoffe und das glänzende Fell der Pferde von Herbsttönen eingerahmt sind. Auf einer Spanienreise lernte Rubens noch einen anderen jungen Maler kennen, Diego Velázquez. Rubens riet ihm, nach Rom zu reisen, um die Renaissance-Meister kennenzulernen. Velázquez zögerte nicht lange – und war auf Anhieb von den Werken Tizians verzaubert. Zurück

in Madrid, porträtierte er die königliche Familie am Hofe Philipps IV. Velázquez hatte sich eingehend mit Tizian beschäftigt, fand jedoch seinen ganz eigenen Malstil. Mit wenigen, raschen Pinselstrichen vermochte er Dinge, Tiere und Menschen anzudeuten. Zwei Jahrhunderte später sollte seine Malerei die Impressionisten in ihren Bann ziehen. In seinem Meisterwerk *Las Meninas* stellt sich Velázquez selbst beim Porträtieren des Königspaars dar. Im Hintergrund sind der König und die Königin nur andeutungsweise im Spiegel zu erkennen. Was will uns der Künstler damit sagen? Dass die eigentliche Arbeit eines Malers darin besteht, Distanz zu seinem Thema zu wahren? Dass er das Thema eher andeuten als wirklichkeitsgetreu darstellen soll? Das ist bis heute nicht geklärt …

❸

❶

Die klassische Malerei: eine majestätische Kunst

Im 17. Jahrhundert kehrte nach dem wilden Barock ein wenig Ruhe in die Malerei ein: Engel fielen nicht mehr vom Himmel, die Zeit der wallenden Stoffe und der sich windenden Menschen war vorbei. Nun war das Goldene Zeitalter der klassischen Malerei angebrochen. Genau wie die Herrscher, die sich würdevoll in Pose setzten, strahlte auch die Kunst eine maßvolle Erhabenheit aus. Künstler wie Philippe de Champaigne, Charles Le Brun und Nicolas Poussin unternahmen Studienreisen nach Italien und strebten nach der Schönheit der Antike. Auf seinen Spaziergängen durch Rom dachte Poussin über die großen antiken Schriftsteller nach, wie Plutarch und Homer. Seine Bilder besitzen eine geheimnisvolle Poesie. Das Gemälde *Echo und Narziss* stellt eine Geschichte aus Ovids *Metamorphosen* dar. Die Nymphe Echo, von der Göttin Hera dazu verdammt, jeweils die letzten an sie gerichteten Wörter zu wiederholen, geht aus Verzweiflung zugrunde und verwandelt sich in einen Felsen, weil der schöne Narziss ihre Liebe zurückweist. Zur Strafe verliebt sich Narziss in sein Spiegelbild, als er an einem See seinen Durst löschen will. Er kann sich nicht mehr losreißen, ertrinkt und verwandelt sich in eine weiße Blume, die fortan seinen Namen trägt. Poussin stellt die Figuren im Moment ihrer Verwandlung dar. Vielleicht ging es ihm nicht nur um die unglückliche Liebe, sondern auch um den ewigen Kreislauf der Natur und ihre fortwährenden Verwandlungen.

❶ Charles Le Brun, *Der Kanzler Séguier,* um 1655–1661.
  Musée du Louvre, Paris.

❷ Nicolas Poussin, *Echo und Narziss,* um 1650.
  Musée du Louvre, Paris.

Das Rokoko: federleichte Pinselstriche

Als König Ludwig XIV. nach langjährigen Streitereien um die Thronfolge im Jahr 1715 starb, wurde sein Neffe Philipp von Orléans zum Regenten von Frankreich ernannt. Philipp war ein gebildeter Mann, der die bedrückende Stimmung im Schloss von Versailles nicht aushielt und nach Paris zog. Die riesigen Gemälde in den königlichen Gemächern, die prunkvoll die Herrscher darstellten, kamen aus der

Mode. Jetzt bevorzugte man zierliche Büsten und kleinere Bilder, die man in den Boudoirs – den Zimmern der Damen – oder in den eleganten Salons aufhängte. Darauf waren ländliche Feste in frischen Farben zu sehen, leicht bekleidete Gespielinnen, ein verträumter Pierrot, spielende Kinder, ein Mädchen auf der Schaukel – alles scheint mit federleichten Pinselstrichen aufgetragen ... Man nennt diesen Kunststil

Rokoko, nach dem französischen Wort „rocaille" (Muschelwerk), da man damals Grotten und Pavillons auch gern mit Steinen und Muscheln verzierte. Die Werke Fragonards, Watteaus, Chardins und Houdons verweisen bereits auf die anbrechende neue Epoche: die Aufklärung, jenes Zeitalter der Vernunft, der Fantasie und der Lebenslust – zumindest für die Menschen der höheren Gesellschaft.

❹

❶ **Jean-Honoré Fragonard,** *Die Schaukel,* 1767.
Wallace Collection, London.

❷ **Jean Siméon Chardin,** *Der Knabe mit dem*
Kreisel, um 1736. Musée du Louvre, Paris.

❸ **Jean-Antoine Houdon,** *Knabenbüste,* 1777.
Musée du Louvre, Paris.

❹ **François Boucher,** *Der Maler in seinem Atelier,*
18. Jahrhundert. Musée du Louvre, Paris.

❺ **Antoine Watteau,** *Pierrot genannt Gilles,*
um 1720. Musée du Louvre, Paris.

❺

Gentlemen und Trunkenbolde

Das 18. Jahrhundert brachte eine Blütezeit für Europa. Vor allem England profitierte vom regen Handel mit seinem riesigen Kolonialreich. Die wohlhabenden Kaufleute ließen sich schöne Landhäuser im Stil der italienischen Paläste des 16. Jahrhunderts errichten und schmückten sie

mit Gemälden der alten, ebenfalls italienischen Meister. Für die englischen Maler gab es daher kaum Aufträge, und so war es für sie schwierig, von ihrer Kunst zu leben. William Hogarth, einer der bekanntesten unter ihnen, illustrierte Bücher und fertigte Kupferstiche an, um etwas Geld zu verdienen. Er war

von seinem Talent überzeugt und suchte nach einem neuen Malstil, der die Menschen begeistern würde. So entstanden Bilder, die an Theaterszenen erinnern und auf humorvolle Weise moralische Lehren vermitteln. Hogarth schilderte und kritisierte darin die Sitten und Gebräuche seiner Landsleute und warf

– 3000   – 2000   – 1000   – 500   Christi Geburt   500   1000   1400 1500 1600 1700 1800 1900 2000

ihnen Scheinheiligkeit, Trunksucht, Faulheit und Grausamkeit vor. Diese Bilder waren ein großer Erfolg. Hogarth gilt, wie auch Joshua Reynolds und Thomas Gainsborough, als Vertreter eines neuen, typisch englischen Stils.

❶ **William Hogarth,** *Glückliche Hochzeit,* 1743.
The National Gallery, London.

❷ **Sir Joshua Reynolds,** *Mrs Elizabeth Carnac,* 1775–1778.
Collection Wallace, London.

❸ **Thomas Gainsborough,** *Mr und Mrs Andrews,* 1748–1749.
The National Gallery, London.

19. Jahrhundert

Das große Kräfte-messen

❶ Jacques-Louis David, *Die Sabinerinnen*, 1799. Musée du Louvre, Paris.

❷ Jacques-Louis David, *Selbstbildnis*, 1794. Musée du Louvre, Paris.

❸ Jacques-Louis David, *Der Tod des Marat,* 1793. Königliche Museen der Schönen Künste, Brüssel.

Der Donnerschlag der Revolution

Mit der Französischen Revolution 1789 waren die neckischen Gemälde der Boudoirs, die entblößten Kurtisanen und ländlichen Feste nicht mehr gern gesehen. Kunst sollte wieder ernsthaft sein und politische Inhalte vermitteln – dieser Meinung war jedenfalls der Revolutions-

maler Jacques-Louis David. Eines seiner Bilder zeigt Soldaten in kriegerischer Pose und Frauen, die ihnen entschlossen entgegentreten: Dargestellt ist der Raub der Sabinerinnen, der Ehefrauen des benachbarten Volkes der Sabiner. Romulus, der Gründer Roms, hatte ihn angeordnet, weil er Nachwuchs für seine

Heere benötigte. Für David sollte die Szene dem französischen Volk, das gerade die Revolution hinter sich hatte, als Beispiel dienen. König Ludwig XVI. war 1793 durch die Guillotine hingerichtet worden, Napoleons Aufstieg hatte begonnen. Die griechische und römische Antike stand hoch im Kurs, denn in ihr

– 3000   – 2000   – 1000   – 500   Christi Geburt   500   1000   1400 1500 1600 1700 1800 1900 2000

❷

sahen die Revolutionäre ein tugend-
haftes Vorbild. Die Maler, die sich vom
Schönheitsideal der Antike inspirieren
ließen, nennt man „klassizistisch". Nicht
mehr Christus oder die Heiligen wurden
verehrt, sondern moderne Helden, die
sich für ihre Ideale opferten. So wie
Marat, ein Führer der Französischen
Revolution, der in seiner Badewanne
ermordet wurde, und den David als
Märtyrer darstellte. Das Gemälde lässt
sich auch als revolutionäres Propagan-
dabild betrachten, denn Marat war einer
der radikalsten Anführer der Revolution,
und Charlotte Corday wollte mit seiner
Ermordung der Blutherrschaft der Jako-
biner ein Ende setzen.

❸

Goya und die Metamorphosen der Malerei

❶

❷

Die Französische Revolution hatte das Leben und die Arbeitsweise der Maler grundlegend verändert. Sie fanden nicht nur neue Themen, auch ihr Malstil veränderte sich. So malte der Spanier Francisco de Goya zu Beginn seiner Karriere lebendige, farbenfrohe Bilder aus dem Alltag des Volkes. Er machte sich schnell einen Namen und schuf zahlreiche Porträts der feinen Madrider Gesellschaft. Später wurde er zum königlichen Hofmaler ernannt. Nach

einer schweren Krankheit verlor er jedoch sein Gehör, und seine Bilder wurden zunehmend sonderbar und ironisch und zeigen Szenen des Wahnsinns oder der Hexerei. Sein Malstil wurde dabei immer freier, ausdrucksvoller und gewagter. In *Los Caprichos* (spanisch für Launen, Einfälle), seiner berühmten Serie von Radierungen, macht er sich über Aberglauben und Bosheit der Menschen lustig. In Frankreich war inzwischen Napoleon an die Macht gelangt und eroberte halb

Europa, seine Truppen drangen auch in Spanien ein. Am 2. Mai 1808 erhob sich die Bevölkerung von Madrid gegen die französischen Besatzer. Am 3. Mai wurden die Rebellen gnadenlos erschossen. Goya war innerlich zerrissen, denn er stimmte mit den Idealen der Französischen Revolution überein, war jedoch entsetzt über die Gräuel des Krieges in seinem Land. In dem Gemälde *Die Erschießung der Aufständischen* steht das Erschießungskommando mit dem Rücken zum Betrachter. Es ist in den

❸

Schatten getaucht und wirkt bedrohlich wie eine Todesmaschine. Die Gewehrläufe sind auf das weiße Hemd des Verurteilten gerichtet, der seine offenbar zu kurzen Arme verzweifelt zum Himmel streckt. Es scheint, als habe Goya diese Szene in Eile, ja geradezu trotzig auf die Leinwand gebracht, ohne Rücksicht auf Details, gerade noch rechtzeitig, bevor die Schüsse fallen. Das Bild verschlägt einem den Atem. Goyas Malstil wirkt sehr modern und verweist bereits auf die Kunst des 19. Jahrhunderts.

❶ Francisco de Goya, *Selbstbildnis,* 1794. Musée Bonnat, Bayonne.

❷ Francisco de Goya, *Los Caprichos, „Hasta su abuelo" (Sogar sein Großvater),* 1797–1799. Palais des Beaux-Arts, Lille.

❸ Francisco de Goya, *Die Erschießung der Aufständischen,* 1814. Museo del Prado, Madrid.

❶ Eugène Delacroix, *Selbstbildnis mit grüner Weste,* um 1837. Musée du Louvre, Paris.

❷ Eugène Delacroix, *Der Tod des Sardanapal,* 1827. Musée du Louvre, Paris.

Romantiker versus Klassizisten

Das 19. Jahrhundert war für Frankreich eine bewegte Zeit. Nach dem Sturz von Napoleon I. übernahmen die Könige wieder die Macht. Im Jahr 1830 kam es erneut zu einer Revolution und 1848 zu einer weiteren, die schließlich in das Zweite Kaiserreich unter Napoleon III. mündete. In dieser Zeit politischer Umwälzungen entstanden viele neue, rivalisierende Strömungen in der Kunst. Die Maler der „Romantik" mit ihrem Meister Eugène Delacroix waren erklärte Gegner des „Klassizismus", dessen führender Kopf Jean Auguste Dominique Ingres hieß. Während die Romantiker die Farben und überschwänglichen Gefühle bevorzugten, ging es den Klassizisten um Formstrenge und Zurückhaltung. Delacroix' Gemälde *Der Tod des Sardanapal* geht auf ein Theaterstück des englischen Dichters Lord Byron zurück, das das Ende des letzten assyrischen Königs erzählt, der von den Babyloniern besiegt worden war und lieber sterben als sich ergeben wollte. Die wilden nackten Körper und die gewagte Sinnlichkeit dieses Gemäldes sorgten damals für einen Skandal. Die Bilder von Ingres haben eine ganz gegenteilige Atmos-

❸

❸ **Jean Auguste Dominique Ingres,** *M. Bertin,* 1832.
Musée du Louvre, Paris.

❹ **Jean Auguste Dominique Ingres,** *Mlle Caroline Rivière,*
1805. Musée du Louvre, Paris.

phäre, sind aber nicht weniger beeindruckend. Vor allem seine Porträts
wurden sehr geschätzt – sogar Delacroix
bewunderte sie. Mademoiselle Rivière
und Monsieur Bertin besitzen auf diesen Gemälden eine unglaubliche Aus-
strahlung: Die junge Frau wirkt wie
aus Porzellan, Herr Bertin beeindruckt
durch seine imposante Haltung, trotz
zerknitterter Jacke und wirren Haars.

❹

❶

❷

Nebel, Wolken und der Dampf der Lokomotiven

Mit dem Beginn der Romantik am Anfang des 19. Jahrhunderts veränderte sich die Gefühlswelt der Menschen. Bis dahin hatte man der Landschaftsmalerei wenig Bedeutung beigemessen. In den Werken der englischen Künstler William Turner und John Constable und des deutschen Malers Caspar David Friedrich war das zentrale Thema nicht allein die Natur. Die Maler interessierten sich auch für die Veränderung des Lichts im Laufe eines Tages, für so ungreifbare Erscheinungen wie Dunst, Nebel oder auch den Dampf der Lokomotiven. Das hatte es bis dahin nicht gegeben ... aus dem einfachen Grund, weil die Eisenbahn gerade erst erfunden worden war.

❸

In Turners Gemälde *Regen, Dampf und Geschwindigkeit* verschwimmen die Umrisse in perlmutt- und ockerfarbenen Tönen. Die Formen lösen sich im Licht auf und die Farben werden zum zentralen Thema. Man hat für einen Augenblick den Eindruck, die Lokomotive rase direkt auf einen zu ... oder vielmehr auf eine Revolution der Malerei: Diese strebt unaufhaltsam den Entdeckungen des Impressionismus und – etwas später – der abstrakten Malerei entgegen. Turner war fasziniert von den unsichtbaren Kräften des Universums und vom Licht, das Wasser und Himmel immer wieder anders aussehen lässt. Als er starb, soll er geseufzt haben: „Jetzt gehe ich zurück in die Unendlichkeit."

❶ **John Constable,** *Wolkenstudie,* 1822. Yale Center for British Art, Yale, USA.

❷ **Caspar David Friedrich,** *Abendlandschaft mit zwei Männern,* 1830. Eremitage, Sankt Petersburg.

❸ **William Turner,** *Regen, Dampf und Geschwindigkeit,* 1844. The National Gallery, London.

Der Naturalismus: von Bauern, Arbeitern und einfachen Leuten

Das 19. Jahrhundert war das Zeitalter der industriellen Revolution. Das Leben der Bauern und Arbeiter war sehr hart. Die Künstler wollten in ihren Bildern nicht mehr die Helden der Antike darstellen, so wie sie es an den Kunstakademien gelernt hatten. Sie wollten das Leben so zeigen, wie es in Wirklichkeit ist. Jean-François Millet

malte *Die Ährenleserinnen,* arme Bäuerinnen, denen man erlaubte, auf einem abgeernteten Feld die liegen gebliebenen Ähren aufzusammeln. Vom Betrachter abgewendet und in gebückter Haltung klauben die kräftigen Frauen noch den kleinsten Halm auf. Der Begriff der „realistischen Malerei" geht auf Gustave Courbet zurück. Da seine Gemälde 1855

auf der Weltausstellung nicht gezeigt wurden, ließ er seinen eigenen Pavillon bauen und stellte sie dort aus. Courbet ging es nicht um Schönheit, sondern um Wahrheit. Seiner Meinung nach sollten Künstler ihre eigene Sprache finden, ohne auf den Erfolg beim Publikum zu schielen oder sich von festgelegten Regeln einengen zu lassen. Die Kritiker

❸

❹

fanden seine Gemälde zu gewöhnlich.
Auch Honoré Daumier interessierte sich
für die einfachen Leute, die Arbeiter,
Waschfrauen und Reisenden dritter
Klasse. Geld hingegen interessierte ihn
überhaupt nicht: Er lebte in ärmlichen
Verhältnissen und starb in einem kleinen
Haus, das ihm sein Freund, der Maler
Corot, geschenkt hatte.

❶ Jean-François Millet, *Die Ährenleserinnen,*
1857. Musée d'Orsay, Paris.

❷ Honoré Daumier, *Selbstbildnis,* um 1865.
Barnes Foundation, Merion, Pennsylvania, USA.

❸ Honoré Daumier, *Comte Auguste Hilarion
de Kératry, Abgeordneter und Pair von
Frankreich,* um 1832. Musée d'Orsay, Paris.

❹ Gustave Courbet, *Die Begegnung oder
„Guten Tag, Herr Courbet",* 1854. Musée
Fabre, Montpellier.

❶

❷

Eindrücke, Impressionen …
Impressionismus!

Im Jahr 1874 organisierte eine Gruppe junger Landschaftsmaler, die von den offiziellen Kunstsalons nicht anerkannt wurden, eine eigene Ausstellung im Atelier des Fotografen Nadar. Dort wurde auch das Gemälde *Impression, aufgehende Sonne* von Claude Monet gezeigt. Ein Kritiker bezeichnete Werk und Titel als lächerlich, er wollte sich

darüber lustig machen und nannte die ganze Gruppe kurzerhand „Impressionisten". Dabei ahnte er nicht, dass er den Namen einer Bewegung erfunden hatte, die zu den berühmtesten der Kunstgeschichte zählen sollte. Einer der Vorreiter des Impressionismus, der Maler Edouard Manet, verursachte mit seinen Bildern Skandale, indem er die

herrschenden Regeln missachtete: Er stellte Körper flächig dar und befolgte weder die Gesetze der Perspektive noch der Helldunkelmalerei. Seine Bilder bestehen im Grunde aus leuchtend farbigen und tiefschwarzen Flächen, die nebeneinander in harten Kontrasten auf die Leinwand aufgetragen wurden. Ähnlich wie die Impressionisten hielten

❸

auch Degas und Toulouse-Lautrec flüchtige Eindrücke fest, zeigten bestimmte Ausschnitte einer Szene oder einen überraschenden Blickwinkel. Gerade war mit der Fotografie eine neue Kunstform erfunden worden. Durch sie veränderten sich Sehgewohnheiten ebenso wie die Form, in der eine Szene dargestellt wurde. Auch japanische Holzschnitte, die zu dieser Zeit in Europa bekannt wurden, inspirierten die Impressionisten mit neuen Formaten und ungewöhnlichen Darstellungen vergänglicher Momente zu einer völlig neuen Sichtweise in den Bildern.

❹

❶ **Edouard Manet,** *Bar in den Folies-Bergère,* 1881–1882. Courtauld Institute of Art Gallery, London.

❷ **Henri de Toulouse-Lautrec,** *Bei der Toilette,* 1896. Musée d'Orsay, Paris.

❸ **Edgar Degas,** *Tänzerinnen auf einer Treppe,* um 1886–1888. Musée d'Orsay, Paris.

❹ **Hiroshige Utagawa,** *Ohashi-Brücke im Regen,* 1857. Musée Guimet, Paris.

Die Künstler malen an der frischen Luft

Die impressionistischen Maler hatten genug von den alten Regeln und wollten nicht mehr einsam und zurückgezogen in ihren Ateliers sitzen. Sie wollten vor allem eins: im Freien malen. Dank der Erfindung der Ölfarbe in Tuben war dies nun auch möglich. Und so zogen sie los, in die Mohnfelder und an die Ufer der Flüsse – Claude Monet richtete sein

Atelier sogar auf einem Hausboot ein. So konnten sie nach Herzenslust (zumindest bei gutem Wetter) die Lichtspiegelungen auf dem Wasser, das Spiel des Schattens in den Blättern und des Winds in den Gräsern festhalten. Statt die Farben auf der Palette zu mischen und sie in dünnen Schichten aufzutragen, benutzten die Maler nun reine, unvermischte Farben, die sie mit kurzen

Pinselstrichen auftrugen, oft so dick, dass man die Spur des Pinsels noch erkennen kann. Betrachtet man die Bilder aus nächster Nähe, sieht man nichts als Flecken, die einem vor den Augen tanzen. Geht man jedoch ein paar Schritte zurück, tauchen wie von Zauberhand Badende am Wasser auf, ein Tanzvergnügen in der freien Natur oder eine junge Frau auf einem luftigen Hügel.

❶ **Claude Monet,** *Frau mit einem Sonnenschirm, nach links gewandt,* 1886.
Musée d'Orsay, Paris.

❷ **Auguste Renoir,** *Tanz im Moulin de la Galette,* 1876. Musée d'Orsay, Paris.

❸ **Georges Seurat,** *Badende bei Asnières,* 1884. The National Gallery,
London.

❶ ❷

Rodin: ein ungeheuerlicher Bildhauer

Um die Karriere von Auguste Rodin war es zunächst schlecht bestellt. Erst ließ man ihn nicht zur Aufnahmeprüfung an einer der berühmtesten Kunstakademien Frankreichs zu, dann wurde sein Werk *Der Mann mit der gebrochenen Nase* von der Jury des Pariser Kunstsalons abgelehnt. Enttäuscht brach er nach Italien auf, wo er das Werk von Michelangelo studierte. Im Jahr 1878 präsentierte Rodin auf einer Ausstellung *Das eherne Zeitalter*. Die Skulptur sorgte für einen Skandal, denn sie sah so beeindruckend echt aus, dass man dem Künstler vorwarf, das Werk sei der Abguss von einem lebenden Menschen. Als er dann auch noch den Schriftsteller Balzac im Morgenmantel darstellte, waren die Kritiker fassungslos. „Wie ein Sack Kohle!", höhnten sie. Trotzdem war Rodin schon bald weltweit bekannt. Er hielt sich genauso wenig an die herrschenden Regeln wie sein Altersgenosse, der bedeutende Maler Claude Monet. Rodins Stil ist dem der Impressionisten verwandt. Es ging ihm nicht darum, seine Skulpturen bis ins kleinste Detail auszuarbeiten. Sie sollten sogar unfertig wirken, so als müsste die dargestellte Figur erst noch Gestalt annehmen und sich mühsam aus dem Marmorblock lösen.

– 3000   – 2000   – 1000   – 500   Christi Geburt   500   1000   1400   1500   1600   1700   1800   1900   2000

❶ Edward Steichen, *Rodin vor der Statue von Victor Hugo,* 1903. Musée d'Orsay, Paris.

❷ Auguste Rodin, *Die Danaide,* 1889. Musée Rodin, Paris.

❸ Auguste Rodin, *Denkmal für Balzac,* 1897–1898. The Museum of Modern Art, New York.

❹ Auguste Rodin, *Das eherne Zeitalter,* nach 1877. Musée d'Orsay, Paris.

❺ Auguste Rodin, *Der Mann mit der gebrochenen Nase,* um 1878. Musée d'Orsay, Paris.

❸

❹

❺

Gauguin, der Talisman und die Äpfel von Cézanne

„Wie sehen Sie diese Bäume?", fragte der Maler Paul Gauguin den jungen Künstler Paul Sérusier, der in die Bretagne gekommen war, um ihn um Rat zu fragen. „Sie sind gelb. Na, dann malen Sie sie gelb! Dieser bläuliche Schatten, nehmen Sie reines Ultramarinblau dafür. Für die roten Blätter hier? Nehmen Sie Zinnoberrot." Sérusier folgte dem Ratschlag und malte auf die Rückseite einer Zigarrenschachtel eine Landschaft, indem er einfach nur eine Farbfläche neben die andere setzte. Was für eine Offenbarung! Zurück in Paris, zeigte er das Gemälde seinen Freunden, die von dessen Zauber so angetan waren, dass sie es *Der Talisman* tauften. Dieses Bild war der erste große Schritt zur abstrakten Malerei. Gauguin hatte sich inzwischen wieder seiner eigenen Arbeit zugewandt. „Ich liebe die Bretagne", schrieb er an einen Freund. „Dort finde ich das Wilde, das

❷

❸

Primitive. Wenn meine Holzschuhe auf dem Granitboden widerhallen, höre ich den dumpfen und kraftvollen Ton, den ich in meinen Bildern suche." Aber schon bald genügten ihm die bretonischen Landschaften nicht mehr und er ließ sich auf Tahiti nieder. Von da an explodierten seine Bilder regelrecht in wunderbar leuchtenden Farben.

Ein anderer Maler, Paul Cézanne, lebte in Südfrankreich. Auch er war auf der Suche nach neuen Ausdrucksmöglichkeiten: Wie stellt man das wahre Wesen von Dingen, Menschen und Landschaften dar? Um dies herauszufinden, malte Cézanne Äpfel auf einem Tisch. Es ging ihm nicht um die Abbildung der Wirklichkeit. Sollten die Dinge doch aussehen, als seien sie schlecht gemalt oder verformt. Ihm kam es auf einen spannungsreichen Aufbau und leuchtende Farben an. Cézanne ahnte damals nicht, dass er dank seiner schlichten Äpfel eines Tages als „Vater der modernen Malerei" gelten würde und die Kunstgeschichte bis heute beeinflussen sollte.

❶ Paul Gauguin, *Das weiße Pferd,* 1898. Musée d'Orsay, Paris.

❷ Paul Sérusier, *Der Talisman,* 1888. Musée d'Orsay, Paris.

❸ Paul Cézanne, *Stillleben mit Äpfeln und Birnen,* um 1891–1892. The Metropolitan Museum of Art, New York.

Van Gogh, genial und geisteskrank

„Ich meinen Bildern möchte ich etwas Tröstliches zum Ausdruck bringen, so wie Musik tröstlich ist", sagte der holländische Maler Vincent van Gogh. Genau das vermitteln seine wunderschönen Sternennächte, aber auch das Gemälde von seinem kleinen Zimmer in Arles in Südfrank-

reich. „Ich hatte eine neue Idee, hier ist der Entwurf dazu … Ich habe diesmal einfach nur mein Schlafzimmer gemalt. Das Wichtigste sind die Farben, sie sollen eine Vorstellung von Ruhe oder generell von Schlaf vermitteln. Wenn man das Gemälde ansieht, soll der Kopf, oder besser noch die Fantasie, zur Ruhe

kommen. Die Wände blasslila, Stühle und Bett buttergelb, Kopfkissen und Laken blass zitronengrün, die Zudecke blutrot, das Fenster grün, der Waschtisch orangefarben, die Waschschüssel blau …" Van Gogh war ein Meister der Farben, und auch seine Art, sie in dicken Schichten auf die Leinwand aufzutragen,

❸

war einzigartig. Er arbeitete unter extremer nervlicher Anspannung. Sein Pinsel spricht, schreit, gerät auf der Leinwand in Trance. Van Gogh war ein genialer Maler, aber er verlor den Verstand. Er versuchte sogar, Gauguin umzubringen, als der ihn besuchte, um mit ihm zu arbeiten. Von seinem eigenen Tun war er so schockiert, dass er sich einen Teil seines Ohrs abschnitt. Er wurde in ein Irrenhaus eingeliefert. Auf einem Selbstbildnis stellte er sich mit verbundenem Kopf dar. Armer van Gogh ... Im Juli 1890 jagte er sich schließlich eine Kugel durch die Brust, inmitten eines Weizenfeldes ...

❶ Vincent van Gogh, *Selbstbildnis vor Staffelei*, 1888. Van Gogh Museum, Amsterdam.

❷ Vincent van Gogh, *Das Zimmer von van Gogh in Arles,* 1889. Musée d'Orsay, Paris.

❸ Vincent van Gogh, *Sternennacht,* 1889. Museum of Modern Art, New York.

20. Jahrhundert
Im Labor der Künste

❶ Henri Matisse, *Die Goldfische,* 1911.
Puschkin-Museum, Moskau.

❷ Kees van Dongen, *Porträt von Dolly,* 1911.
Privatsammlung.

❸ André Derain, *Brücke von Charing Cross, London,*
um 1906. Musée d'Orsay, Paris.

Der Fauvismus: Wehe, wenn sie losgelassen …

„Wenn ich Grün verwende, meine ich damit nicht nur das Gras, wenn ich Blau verwende, meine ich damit nicht nur den Himmel", sagte der Maler Matisse. Er war der Vorreiter einer Bewegung, deren Vertreter die Farbe vom Bildgegenstand loslösten und auf geradezu wilde, ungehemmte Weise verwendeten. Daher auch der Name dieser neuen Stilrichtung, die

zu Beginn des 20. Jahrhunderts entstand: der „Fauvismus" (vom französischen Wort fauves = wilde Tiere). Ihre Bilder sind ein Farbrausch aus warmen, leuchtenden Gelb- oder Orangetönen, mit nur hier und da einer schwarzen oder blauen Umrisslinie. Die Künstler hoben die Formen hervor, verzichteten auf Schatten und Plastizität, verflachten den Bildraum und arbeiteten mit zäh-

flüssiger Farbpaste. Das Gebrüll der Fauvisten war so laut, dass es auch andere Künstlergruppen in Europa hörten, wie in Deutschland *Die Brücke* (gegründet in Dresden von dem Maler Ernst Kirchner) und *Der Blaue Reiter* (gegründet in München von Wassily Kandinsky und Franz Marc). In ihren Bildern begegnen wir blauen Pferden, rosaroten Bäumen und kunterbunten Gesichtern.

– 3000   – 2000   – 1000   – 500   Christi Geburt   500   1000   1400   1500   1600   1700   1800   1900   2000

Der Kubismus: Picasso und Braque nehmen alles auseinander

Pablo Picasso, den jungen Künstler aus Spanien, beeindruckten die Werke von Cézanne und Matisse sehr. Mit 19 Jahren zog er nach Paris. Dort probierte er alle Stilrichtungen aus – mit Bravour. Aber das genügte ihm nicht, er wollte es „noch ärger treiben", wie er es selbst nannte. Er erinnerte sich daran, dass Cézanne ihm geraten hatte, sich die Natur als geometrische

❸

Körper vorzustellen, als Würfel, Zylinder, Kugel oder Kegel. Seine Bilder waren genau das Gegenteil von dem, was die Impressionisten gemalt hatten, deren Formen in der Fülle der Farbtupfer verschwimmen. Gemeinsam mit Georges Braque erfand Picasso 1907 den Kubismus. Es ging nicht mehr darum, Dinge und Menschen so zu malen, wie das Auge sie wahrnimmt,

sondern so als könnte man sie von verschiedenen Punkten aus gleichzeitig sehen. Sie wählten zunächst einfache Dinge, deren Formen leicht wiederzuerkennen sind: eine Flasche, eine Pfeife, ein Tisch, eine Geige. Und – ehe man sichs versah – hatten die Kubisten sie in mehrere Teile zerlegt, und zwar so gekonnt, dass wir trotzdem sofort wissen, um was es sich handelt.

Dann wagten sich die Maler an den Menschen heran. Auf den ersten Blick wirken die Figuren wie Monster, als hätte man sie auseinandergenommen und sähe sie zugleich von vorne und von der Seite. Einfach unglaublich! Das Publikum staunte, die Kritiker empörten sich, der französische Dichter Apollinaire hingegen war begeistert!

Das Bauhaus: die Kunst des 20. Jahrhunderts „konstruieren"

Das Bauhaus wurde 1919 in Weimar gegründet und war zunächst eine Kunstschule, an der Künstler und Kunsthandwerker gemeinsam neue Ansätze entwickelten und moderne, schlichte Gebrauchsgegenstände herstellten. Hier entstanden Kunstwerke, wie man sie noch nie zuvor gesehen hatte. Die Gründer des Bauhauses waren in ihrer Arbeitsweise derart modern, dass man sie als „Avantgarde", als „Vorhut" bezeichnete. So nennt man Soldaten, die im Kampf einsam an vorderster Front stehen. Diese Künstler waren Revolutionäre, die nach den Schrecken des Ersten Weltkriegs (1914–1918) nach einem grundlegenden Neuanfang suchten. Wassily Kandinsky, Josef Albers und Paul Klee unterrichteten am Bauhaus und waren eng befreundet. Farben und Formen wurden zum

❸

wesentlichen Gegenstand ihrer Arbeit. Die Motive, die man bisher dargestellt hatte, verschwanden oder sind nur noch zu erahnen. Herkömmliche Porträts, Stillleben und Landschaftsbilder gehörten der Vergangenheit an. Die Farbe übernahm die Hauptrolle. Sie begegnet uns in weichen, geschwungenen oder aber sehr strengen, geometrischen Formen. Die Bauhaus-Künstler waren

die Ersten, die auf das neue Gebiet der abstrakten Malerei vordrangen. Im Jahr 1933 wurde das Bauhaus unter der Herrschaft Hitlers und der Nazis verboten. Viele Bauhauskünstler flohen in die USA. Ihre Werke jedoch, die das Ergebnis einer sorgfältigen und kühnen Arbeit waren, veränderten die Kunst und beeinflussten das 20. Jahrhundert nachhaltig.

❶ **Paul Klee,** *Senecio,* 1922. Kunstmuseum Basel, Schweiz.

❷ **Josef Albers,** *Hommage to the square,* 1954. Musée national d'Art moderne – Centre Pompidou, Paris.

❸ **Wassily Kandinsky,** *Aquarell,* 1910. Musée national d'Art moderne – Centre Pompidou, Paris.

❶

❷

Der Expressionismus: groteske Grimassen

Die Straßen boten einen traurigen Anblick: Wo man auch hinsah, verletzte Soldaten, bettelnde Krüppel, Kinder, die Streichhölzer verkauften, um überleben zu können. Nach der Niederlage Deutschlands im Ersten Weltkrieg durchlebte das Land eine

schreckliche Wirtschaftskrise und viele Menschen waren arbeitslos. Der Mann mit Eierkopf und dem steifen Kragen, den der deutsche Künstler George Grosz gemalt hat, schaut uns an, ohne wahrzunehmen, was um ihn herum passiert. Seine Gleichgültigkeit steht in auffäl-

ligem Gegensatz zu dem harten, vorwurfsvollen Gesicht des Malers Otto Dix. Ihm entgeht nichts vom Elend dieser Welt. Im Gegenteil, er hebt es sogar noch hervor. Diese Kunstrichtung, in der die Welt und die Menschen als düsteres Marionettentheater dargestellt werden,

– 3000   – 2000   – 1000   – 500   Christi Geburt   500   1000   1400 1500 1600 1700 1800 1900 2000

❶ **Otto Dix,** *Selbstbildnis,* 1926.
Leopold-Hoesch-Museum, Düren.

❷ **Otto Dix,** *Streichholzhändler,* 1920.
Staatsgalerie, Stuttgart.

❸ **George Grosz,** *Grauer Tag,* 1920.
Nationalgalerie, Berlin.

nennt man „Expressionismus". Beißende Ironie und Hässlichkeit zeichnen die Bilder aus. Schönheit ist in diesen harten Zeiten nicht mehr angesagt. In einem Selbstbildnis hat Otto Dix sich mit düsterem, misstrauischem Blick dargestellt. Richtet er ihn auf die ungewisse Zukunft, die Deutschland erwartet? Im Jahr 1933 kamen die Nazis an die Macht und erklärten die moderne Kunst zur „entarteten Kunst". Unter diesem Titel organisierten sie eine Ausstellung, die auch Hitler besuchte. Hitler selbst hatte sich als Maler versucht – mit völlig unbedeutenden Bildern –, und er hasste geradezu die Künstler der Avantgarde, wie Picasso, Kandinsky und Klee, aber auch die Expressionisten, wie Grosz und Dix, die er als „verrückt" und „kriminell" beschimpfte.

❸

❶

❷

Der Surrealismus: nicht ganz ernst gemeinte Albträume

Sie waren nicht zu bändigen. Lärmend verbrachten sie ihre Zeit in Cafés, gingen in den Zirkus und ins Kino, schimpften auf die Pfaffen und badeten nackt in Springbrunnen, liebten seichte Theaterstücke und schöne Frauen ... Diese respektlosen jungen Leute gehörten zu einer Gruppe, die 1924 entstanden war: die „Surrealisten", wie sie sich selbst nannten. Sie wollten die Kunst von ihrem Sockel

holen und ihrer Fantasie, ihren Träumen und Ideen freien Lauf lassen. Der österreichische Arzt Sigmund Freud hatte die Macht des Unbewussten entdeckt, und nun wollten die Surrealisten diese neuen „fremden" Reviere erkunden. Albträume, das Absurde, geschmacklose Witze, belanglose Gegenstände, die zweckentfremdet und kurzerhand zu Kunstwerken erklärt wurden, als wollten sich die Künstler heimlich über uns

lustig machen: Die Surrealisten ließen sich eine Menge einfallen, um alle Konventionen der Kunst zu sprengen. Wer waren diese unverschämten Kerle? André Breton, Max Ernst, Marcel Duchamp, Salvador Dalí und René Magritte ... Künstler, deren Werke uns manchmal Rätsel aufgeben, uns verblüffen, fast schwindelig machen und uns auch zum Lachen bringen, ohne dass wir genau wüssten, warum ...

❶ **Man Ray,** *Geschenk,* 1921. Privatsammlung, Mailand.

❷ **Salvador Dalí,** *Die Beständigkeit der Erinnerung,* 1931. Museum of Modern Art, New York.

❸ **Marcel Duchamp,** *Fahrrad-Rad,* 1913/1964. Musée national d'Art moderne – Centre Pompidou, Paris.

❹ **René Magritte,** *Die erstochene Zeit,* 1938. The Art Institute, Chicago.

❸

❹

Kleckse, Spritzer, monochromes Blau — Spielarten der Abstraktion

Jahrhundertelang ging es den Künstlern darum, die Welt darzustellen, was ihnen dank ihres Talents und ihrer Kunstfertigkeit auch gelang. Sie zeigten uns natürlich nur ein Abbild der Wirklichkeit ... Aber ein großartiges Abbild, das uns einen Eindruck von Bewegung, Tiefe und Perspektive vermittelt, uns die Anatomie des Körpers nahebringt und den Dingen durch den gekonnten Einsatz von Licht und

Schatten Plastizität verleiht. Es gelang den Künstlern sogar, Dinge darzustellen, die noch viel weniger fassbar sind: menschliche Gefühle, Stimmungen, den Nebel und die Wolken. Und dann verloren die Darstellungen allmählich ihre Gegenständlichkeit oder veränderten ihre Form, so als hätte man einen Stein ins Wasser geworfen, dessen glatte Oberfläche sich nun kräuselt. Sie wurden flächiger oder nahmen ganz unerwartete

Farben an. Man verabschiedete sich von den alten Darstellungsformen. Der Umgang mit Farbe und Leinwand, ja sogar die Haltung der Künstler veränderte sich. Sie kehrten ihren Ateliers den Rücken zu und verabschiedeten sich schließlich von allem, was sie bis dahin gemalt hatten: Obstschalen, ein Teller mit Heringen, eine nackte Frau auf einem Diwan, ein Bauer auf seinem Feld. Die Farben eroberten die Leinwand auf

❸

❹

tausend verschiedene Arten: bei Mondrian als rein geometrische Formen, die einen fast an Musik denken lassen, bei Pollock als wilde Kleckse und Spritzer, bei Rothko als übersinnliche Schwingungen, bei Klein als hypnotisierende einfarbige Bilder, bei Soulages als graues Schwarz – ihre Werke prägen sich derart in unser Gedächtnis ein, dass wir sie nicht so leicht vergessen werden …

❶ **Joan Miró,** *Blau II,* 1961. Centre Pompidou, Paris.

❷ **Jackson Pollock,** *Silver Over Black, White, Yellow And Red,* 1948. Centre Pompidou, Paris.

❸ **Yves Klein,** *Monochrome IKB 3,* 1960. Centre Pompidou, Paris.

❹ **Mark Rothko,** *Nº 37 & Nº 19 (Slate Blue and Brown on Plum),* 1958. Museum of Modern Art, New York.

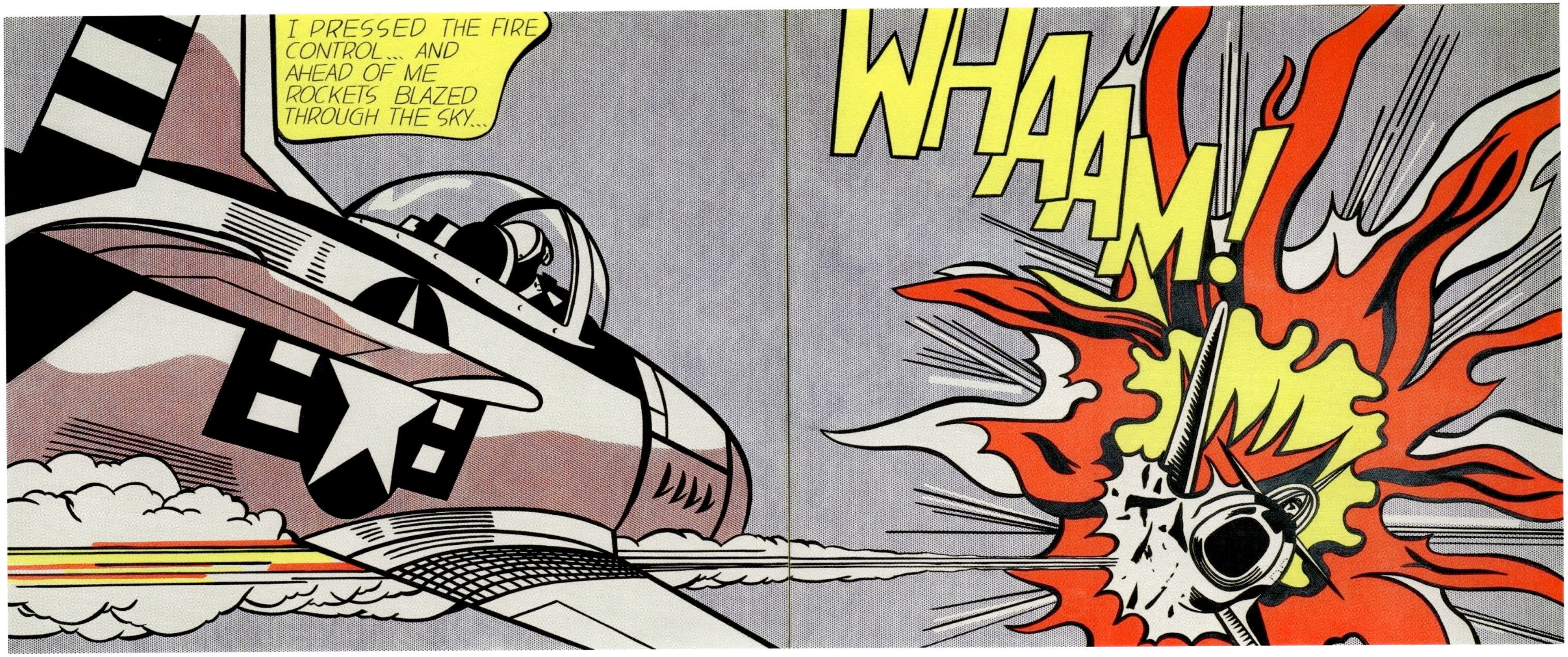

❶

❷

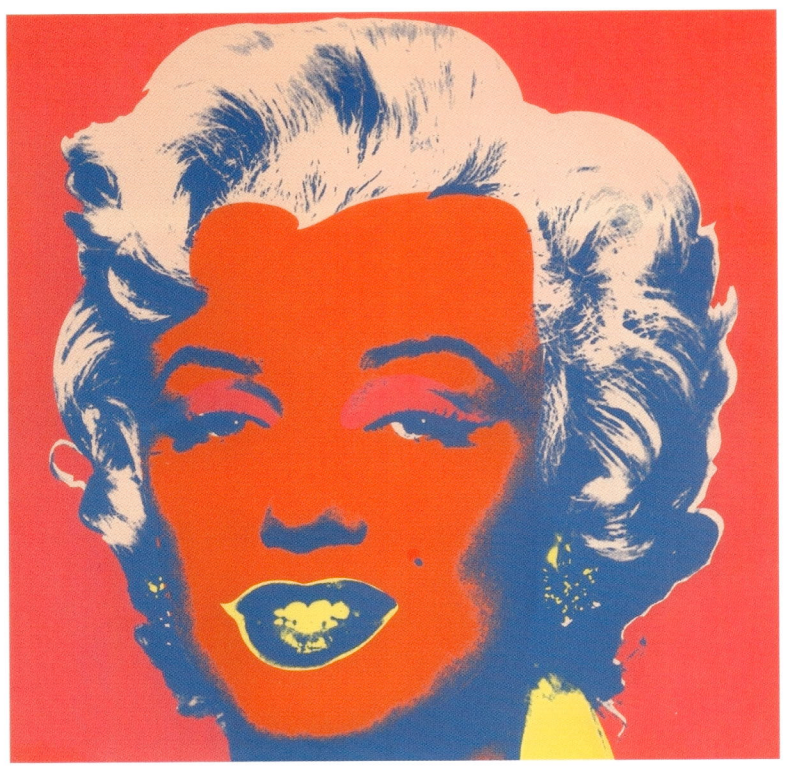

Pop-Art: der große Knall

❶ **Roy Lichtenstein, *Whaam!,*** 1963. Tate Gallery, London.

❷ **Andy Warhol, *Marilyn (rosa, rot),*** 1967. Kupferstichkabinett, Berlin.

❸ **Tom Wesselmann, *Stillleben Nr. 2,*** 1962. Smithsonian American Art Museum, Washington.

❹ **James Rosenquist, *F-111,*** 1964–1965 (Ausschnitt). Museum of Modern Art, New York.

– 3000 – 2000 – 1000 – 500 Christi Geburt 500 1000 1400 1500 1600 1700 1800 1900 2000

❸

❹

Mitte der 1950er Jahre entstand eine Kunstrichtung, die schon wenig später sehr erfolgreich wurde: Sie wird „Pop-Art" genannt (=populäre Kunst), weil ihre Motive der Werbung, den Zeitschriften, dem Fernsehen, der Welt des Konsums, den Comics, kurz, unserem Alltag entnommen sind. Nie zuvor war jemand auf die Idee gekommen, eine Suppendose, eine Cola-Flasche, Comic-Sprechblasen voller Lautmalereien oder eine Klobrille darzustellen. Die Werke der Pop-Art explodieren regelrecht in knalligen Farben und zeigen Dinge, die jeder kennt. Die Künstler ließen sich von Produkten aus dem Supermarkt inspirieren, fertigten ganze Serien von demselben Bild, probierten die unterschiedlichsten Druckverfahren aus und erweckten dabei nicht den Anschein, als wollten sie die Konsumgesellschaft kritisieren. „Wenn Sie alles über Andy Warhol wissen wollen, dann betrachten Sie einfach die Oberfläche: die meiner Bilder, meiner Filme und meine eigene, das reicht. Dahinter gibt es nichts", so der Papst der Pop-Art. Schon komisch, aber man will ihm das nicht so recht abnehmen …

Alte Lumpen, Papierfetzen und schmutzige Teller ...

Ungefähr zur gleichen Zeit wie die Pop-Art mit ihren Knalleffekten und Chromfarben entstanden auch andere Kunstrichtungen, wie die „Art brut" (rohe, unverfälschte Kunst), die „Arte povera" (arme Kunst) und der „Neue Realismus". Diese Künstler arbeiteten in andere Richtungen, indem sie wertloses Material verwendeten, das sie auf der Straße fanden: alte Plakate, Bretter von Bauzäunen, Müll, abgelegte Kleidungsstücke, Ton oder auch Dinge, die sie beim Schrotthändler aufgestöbert hatten. Ihre Werke bestehen aus
zusammengepressten, zusammengenähten, zerrissenen, angebrannten, durchlöcherten, zusammengestückelten oder übereinander gestapelten Objekten, die auf dem Boden installiert oder einfach an die Decke gehängt werden. Man nennt sie deshalb auch „Installa-

❷

tionen". Die Werke haben eine eigenartige Wirkung: Sie entlocken uns oft ein Schmunzeln und machen uns gleichzeitig irgendwie traurig. Letztendlich ist es aber kein unangenehmes Gefühl, sondern vielmehr so, als würde uns etwas aufwühlen und zutiefst berühren ...

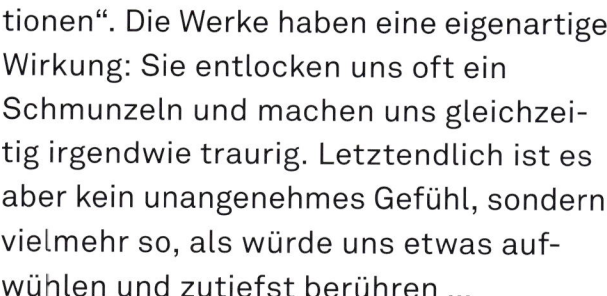

❸

Malerei durch die Jahrtausende

Niemand weiß genau, welche der heute produzierten Kunstwerke in hundert oder in tausend Jahren noch bewundert werden. Gerade die bahnbrechenden Künstler wurden in ihrer Zeit oft nicht geschätzt oder sogar verachtet. Denken wir nur an van Gogh, Gauguin oder Caspar David Friedrich, die arm und völlig vereinsamt starben. Die vielen Stilrichtungen in der Kunst wären

ganz schön verwirrend, hätten wir nicht all die Bezeichnungen auf „-ismus", die uns bei der Orientierung helfen: Klassizismus, Naturalismus, Impressionismus, Fauvismus, Kubismus, Surrealismus, Expressionismus … Einige der großen Maler gehörten einer Schule an, andere wiederum waren große Einzelgänger. Manche Bilder sehen heute aus wie Kinderzeichnungen oder Graffitis.

Es scheint, als habe ein Künstler herumgekritzelt oder mit der Farbe geträumt … und dabei geht es in der Malerei immer um diesen einen Augenblick, in dem das Bild entsteht. Und das schon zu jener Zeit, als die ersten Menschen mit Erdfarben Tiere und Menschen an Felswände gezeichnet haben.

– 3000   – 2000   – 1000   – 500   Christi Geburt   500   1000   1400   1500   1600   1700   1800   1900   2000

❶ Midjau-Midjawu, *Kariborkee-Tanz der Mimi oder Felsengeister: drei Tänzer und zwei Musiker,* 20. Jahrhundert. Musée du quai Branly, Paris.

❷ Jean-Michel Basquiat, *Mona Lisa,* 1983. Privatsammlung.

❸ John Currin, *The Moroccan,* 2001. Centre Pompidou, Paris.

❸

❶

❷

Die *Enfants terribles* der zeitgenössischen Kunst

Lange Zeit verstand man unter Kunstwerken vor allem Fresken und Gemälde sowie Skulpturen aus Holz, Marmor oder Bronze, wie man sie bis heute in Kirchen, Palästen, Gärten und auf öffentlichen Plätzen findet. Seit Mitte des 20. Jahrhunderts können

jedoch noch ganz andere Dinge Kunst sein: Fotografien, Installationen, Videos, „Happenings" (spontan improvisierte Aktionen, die zu – vergänglichen – Kunstwerken werden), Lichtprojektionen und „Land-Art" (Landschaft und Natur sind Material des Künstlers). Die Kunstschaf-

fenden von heute erforschen auf ironische oder fantasievolle Weise all diese verschiedenen Medien der Kunst. Ihre Arbeiten sind bisweilen sehr ungewöhnliche Einfälle, wie der diamantenbesetzte Totenschädel von Damien Hirst oder der Ballon-Hund von Jeff Koons. Oder sie

– 3000   – 2000   – 1000   – 500   Christi Geburt   500   1000   1400 1500 1600 1700 1800 1900 2000

❸

❶ Jeff Koons, *Balloon Dog,* 1994–2000.

❷ Damien Hirst, *For the Love of God,* 2007.

❸ Fabrice Domercq, *Ohne Titel,* 2001. Fondation
Cartier pour l'art contemporain, Paris.

❹ Sarah Sze, *Everything that Rises Must
Converge,* 1999. Fondation Cartier pour l'art
contemporain, Paris.

kommen ganz zart, geradezu zerbrech-
lich daher, wie die Werke von Sarah Sze,
deren bläulich schimmernde Spirale uns
daran erinnert, dass Kunst immer wieder
von Neuem das Bestehende hinterfragt,
Grenzen überschreitet und uns über
unsere Augen zu neuen Fragen führt.

❹

1397   Uccello   1475

1422   Benozzo Gozzoli   1497

1422   Piero della Francesca   1492

1425   Jean Fouquet   1480

1431   Mantegna   1506

1445   Botticelli   1510

1450   Signorelli   1524

1450   Bosch   1516

1452   Leonardo da Vinci   1519

1471   Dürer   1528

1475   Michelangelo

1477 Giorgione 1510

1483 Raffael 1520

1489 Correggio 1534

1490   Tizian

1497   Holbein   1543

1506 Daniele da Volterra

1525   Bruege

1528

1267   Giotto   1337

1284   Martini   1344

1370   Fabriano   1427

1380 Limburg 1416

1390   van Eyck   1441

Um 1099 Wiligelmus

FRÜHRENAISSANCE

ROMANIK

GOTIK

SPÄTRENAISSANCE

11. JH. | 1100 | 12. JH. | 1200 | 13. JH. | 1300 | 14. JH. | 1400 | 15. JH. | 1500 | 16. J